Lektion 95

1 **a)** neglego: ich beachte nicht, ich vernachlässige **b)** emo: ich kaufe **c)** posco: ich fordere, ich verlange **d)** discedo: ich gehe auseinander, ich gehe weg **e)** prodo: ich verrate, ich überliefere **f)** exigo: ich fordere (ein), ich vollende **g)** absum: ich bin entfernt, ich bin abwesend, ich fehle **h)** permoveo: ich beunruhige, ich veranlasse

2 A miseria: die Not, das Unglück 6 inopia: der Mangel, die Not – B dolus: die List, die Täuschung 2 furtum: die Hinterlist, der Diebstahl – C aequus: eben, gleich, gerecht 5 iustus: gerecht – D sine vulneribus: ohne Wunden 1 incolumis: unverletzt, wohlbehalten – E ultimus: der äußerste, der entfernteste, der letzte 4 proximus: der letzte, der nächste – F adducere: veranlassen, heranführen 3 permovere: veranlassen, beunruhigen

3 **a)** decimus: der zehnte: kein Superlativ ↔ Superlative: ultimus, der äußerste, der entfernteste, der letzte – proximus: der nächste, der letzte – maximus: der größte – optimus: der beste – minimus: der kleinste, der geringste **b)** ceterum: im Übrigen, übrigens: keine Präposition ↔ Präpositionen: praeter: außer – propter: wegen – apud: bei – post: nach, hinter – contra: gegen – intra: innerhalb (von) – extra: außerhalb (von) **c)** manus: die Hand; die Schar (von Bewaffneten): gehört nicht zum Sachfeld Gefühl ↔ pudor: die Scham, das Schamgefühl, der Anstand – amor: die Liebe – dolor: der Schmerz – gaudium: die Freude – metus: die Angst

4 **a)** Niemand außer meinem Onkel blieb in Rom. **b)** Gerade die besten Senatoren flohen (gingen weg) auf jede erdenkliche Weise. **c)** Schamgefühl veranlasste niemanden dazu, dass er in Rom blieb. **d)** Furcht veranlasste jeden Senator dazu, dass er floh (wegging). **e)** Die Angst von jedem war so groß, dass er nicht nach Rom zurückkehrte.

Lektion 96

1 **a)** discedere: auseinandergehen, weggehen ↔ accedere: herbeikommen, hinzukommen ↔ incedere: heranrücken, eintreten; (jdn.) befallen **b)** exstinguere: auslöschen, vernichten ↔ fingere: gestalten, sich (etw.) ausdenken ↔ pingere: zeichnen, malen **c)** occupare: besetzen, einnehmen ↔ oppugnare: angreifen ↔ opprimere: bedrohen, niederwerfen, unterdrücken **d)** parcere: schonen, verschonen ↔ placere: gefallen ↔ placare: beruhigen, versöhnen **e)** ignoscere: verzeihen ↔ ignorare: nicht kennen, nicht wissen ↔ orare: (an)beten, bitten **f)** vel: oder ↔ velut: wie, wie zum Beispiel ↔ ut: wie *(Adv.)*; dass, sodass, damit, um zu *(Konj.)* **g)** namque: denn, nämlich ↔ ubique: überall ↔ undique: von allen Seiten, von überall

2 **a)** Der Vater kritisiert seinen Sohn ohne jeden Grund. Denn der Sohn lebt nicht auf dieselbe Weise wie sein Vater. Dennoch handelt der Sohn vernünftig (mit Vernunft). **b)** Ein Sohn, der seinem Vater ähnlich ist, wird als Abbild des Vaters bezeichnet. Ein Dichter, der sich Geschichten ausdenkt, malt Bilder mit Worten. **c)** Ich weiß nicht, wen du gestern besucht hast. Aber ich weiß genau, dass du mich morgen besuchen wirst.

3 **a)** Wenn etwas **fiktiv** ist, ist es erfunden, d. h. jemand hat es sich ausgedacht (fingere). **b)** Ein Vorgehen ist dann **rational**, wenn man dem folgt, was die Vernunft (ratio) fordert. c) Unter **Image** versteht man das Bild (imago), das sich die anderen von jemandem machen. Dieses Bild muss aber nicht immer der Wirklichkeit entsprechen.

Lektion 97

1 **a)** sensus: das Gefühl, der Sinn, der Verstand – sententia: die Meinung, der Satz, der Sinn, der Antrag (im Senat) **b)** patere: offen stehen – pati: (er)leiden, ertragen, zulassen **c)** quaerere: erwerben wollen, suchen, fragen – queri: klagen, sich beklagen (über) **d)** experiri: erfahren, versuchen – comperire: erfahren **e)** sequi: folgen – loqui: reden, sprechen **f)** propinquus: nahe; *Subst.* der Verwandte – prope: nahe bei, in der Nähe von

2 **a) experiri:** erfahren, versuchen → expertus: erfahren → experimentum: der Versuch **b) queri:** klagen → querulus: klagend → querela: die Klage **c) pati:** erleiden, ertragen → patiens: leidend, geduldig → patientia: die Geduld **d) sequi:** folgen → sequax: folgend → sequentia: die Folge, die Reihenfolge **e) loqui:** reden, sprechen → loquax: gesprächig → locutio: das Sprechen, die Aussprache

3 **a)** Die Römer erfuhren, dass die griechischen Philosophen sehr weise (gewesen) waren. Auch einige Römer haben versucht (ausprobiert), was sie in der Philosophie schaffen (bewirken) konnten. **b)** Herkules ertrug viele Anstrengungen. Er ließ nämlich nicht zu, dass Menschen von sehr wilden Tieren geschädigt wurden.

4 **a)** Ein **Patient** erleidet (pati) etwas; ein **Querulant** hingegen beklagt sich über etwas (queri). **b)** Eine **Konjunktion** verbindet (coniungere) zwei Hauptsätze oder Prädikate miteinander. **c)** Eine **Expertise** stellte eine Einschätzung dar, die von jemand abgegeben wird, der viel Erfahrung (experiri) auf einem bestimmten Gebiet hat, also ein Experte darin ist.

Lektion 97 (2)

5 **a)** quiescere: (aus)ruhen, schlafen ↔ moliri: (an)treiben, planen; unternehmen **b)** iniuria: das Unrecht, die Beleidigung, die Rechtsverletzung ↔ iustitia: die Gerechtigkeit **c)** studere: sich bemühen, studieren ~ se dare: sich widmen, sich hingeben **d)** temptare: angreifen, prüfen, versuchen ~ aggredi: angreifen, herangehen **e)** sequi: folgen ~ consequi: erreichen, nachfolgen **f)** dare: geben ↔ sumere: nehmen

6 **otium**: **b)** mit Freunden über Freundschaft sprechen **c)** sich Vergnügungen hingeben **d)** mit Gedichten / Liedern die Sinne erfreuen **g)** Bücher von Philosophen lesen | **negotium**: **a)** einen Prozess führen **e)** sich um das Gemeinwohl (allgemeine Wohl) kümmern **f)** sich großen Reichtum erwerben

7 **a)** Einige Menschen unternehmen vieles zugleich. Ein Verbrecher plant einen Diebstahl. **b)** Ein Philosoph erreichte Ruhm durch sehr gelehrte Worte. Viele Schüler folgten dem Philosophen Sokrates nach. **c)** Fast kein Philosoph achtet Sokrates gering. Cicero lebte beinahe zur selben Zeit wie (in der) Caesar (lebte). Plinius schrieb ungefähr 40 Bücher über die Natur.

8 **a)** Eine **Sequenz** ist eine Abfolge von etwas, z. B. spricht man von einer Sequenz von Schulstunden dann, wenn mehrere Schulstunden aufeinander folgen (sequi). Eine **Konsequenz** hingegen ist eine Folge von etwas, z. B. ist eine Strafe die Konsequenz eines Fehlverhaltens, weil dem Fehlverhalten die Strafe nachfolgt (consequi). **b)** **Aggressiv** ist ein Verhalten, bei dem man einen anderen angreift (aggredi). **c)** Ein **Justitiar** beschäftigt sich z. B. in einer Firma damit, dass die geschlossenen Verträge dem geltenden Recht (ius), im besten Fall auch der Gerechtigkeit (iustitia) entsprechen.

Lektion 98

1 **a)** morari: (sich) aufhalten ~ versari: sich aufhalten, sich befinden, sich beschäftigen **b)** sermones habere cum: Gespräche führen (haben) mit ~ colloqui: sich unterhalten, verhandeln, besprechen **c)** fluvius: der Fluss ~ flumen: der Fluss **d)** censere: meinen, einschätzen; seine Stimme abgeben (für) ~ iudicare: urteilen, beurteilen **e)** arbitrari: glauben, meinen ~ opinari: glauben, meinen

2 **a)** **mirari**: bewundern, sich wundern → mirus: erstaunlich, sonderbar **b)** **opinari**: glauben, meinen → opinio: die Meinung, der (gute) Ruf **c)** **iudicare**: urteilen, beurteilen → iudex: der Richter **d)** **anima**: der Atem, das Leben, die Seele → animal: das Lebewesen, das Tier

3 **a)** Ein griechischer Philosoph hielt sich lange in Rom auf. Aber er bewunderte dort nichts. **b)** Der Soldat lässt zwar die Waffen nicht sinken, aber er verliert (gibt) die Hoffnung (auf). **c)** Ein wenig vorher habe ich mich mit Paulus ein wenig unterhalten.

4 **a)** Beim **Kolloquium** unterhält man sich (colloqui) mit dem Prüfling, um herauszufinden, wie viel er weiß; bei der schriftlichen **Abitur**prüfung (wörtl. „Man-wil / wird-weggehen"- bzw. „Man-geht-weg"-Prüfung, d.h. Abschlussprüfung) findet man das über schriftliche Antworten heraus. **b)** Die **Judikative** beurteilt (iudicare), ob die Gesetze (lex, legis), die die **Legislative** gegeben (latum – PPP von ferre) hat, eingehalten worden sind. **c)** Der **Animismus** ist davon überzeugt, dass alles in der Welt eine Seele (anima) hat. **d)** Von einer **Demission** spricht man, wenn ein Minister aus seinem hohen Amt wieder in den Zustand eines normalen Abgeordneten hinabgeschickt (demittere), d. h. entlassen wird.

Lektion 98 (2)

5 **a)** occidere: (zu Boden) fallen, untergehen, umkommen ↔ oriri: entstehen, sich erheben **b)** vivere: leben ↔ mori: sterben **c)** spectare: betrachten, anschauen, hinsehen ~ intueri: anschauen **d)** timere: fürchten, Angst haben ~ vereri, ne: fürchten, dass **e)** anima: der Atem, die Seele, das Leben ~ spiritus: der Atem, die Seele **f)** redire: zurückgehen, zurückkehren ↔ proficisci: (ab)reisen, aufbrechen **g)** experiri: versuchen, erfahren ~ conari: versuchen

6 **a)** (~~conatur~~) Gaius sitzt (sedet) / verweilt (moratur) / hält sich (versatur) gerne in der Bibliothek auf. **b)** (~~moritur~~) Er bewundert (miratur) / hört (audit) / folgt (sequitur) seinem Onkel Plinius. **c)** (~~colloquitur~~) Mit Plinius betrachtet (intuetur) / (unter)sucht (quaerit) / ordnet (componit) er die Bücher der Philosophen. **d)** (~~versatur~~) Ein Freund des Gaius meint (opinatur) / behauptet (contendit) / sagt (dicit), dass die Seele nicht unsterblich ist. **e)** (~~proficiscitur~~) Gaius (be)fürchtet (timet / veretur / metuit), dass die Worte seines Freundes wahr sind. **f)** (~~oritur~~) Plinius ermahnt (hortatur) / bittet (rogat / orat) die jungen Männer, dass sie mit Vernunft / vernünftig handeln.

7 **a)** opinari / opinio → Meinung **b)** hortari → ermuntern, auffordern **c)** spiritus → Geist **d)** (ad)mirari → bewundern **e)** mors / mortalis → Sterblichkeit **f)** adicere → Adjektiv (Hinzufügung)

8 **a)** Lärm / Geschrei entsteht. **b)** Ein Wind kommt auf. **c)** Eine Quelle entspringt auf dem / im Berg. **d)** Die Rede beginnt. **e)** Die Sonne geht auf. **f)** Caesar stammt von (den) Königen ab. **g)** Die Nacht bricht herein. **h)** Ein Baum wächst.

Lektion 99

1 **a)** ventus: der Wind – caelum: der Himmel – fulmen: der Blitz – nubes: die Wolke **b)** infans: das Baby – puer: der Junge, der Bub – adulescens: der junge Mann – iuvenis: der junge Mann – vir: der Mann – senex: der alte Mann, der Greis **c)** velle: wollen – cupere: wünschen, verlangen – appetere: erstreben, haben wollen, angreifen – intendere: streben (nach), beabsichtigen – studere: sich bemühen, studieren **d)** timere: fürchten, Angst haben – vereri: fürchten, sich scheuen, verehren – metuere: (sich) fürchten – horrere: zurückschaudern (vor) – terrere: erschrecken – sollicitare: aufhetzen, beunruhigen, erregen **e)** virtus: die Tapferkeit, die Tüchtigkeit, die Leistung, die Tugend – animus: der Geist, der Mut, die Gesinnung – fortis: kräftig, tapfer – firmus: stark, kräftig – confirmare: bekräftigen, ermutigen, stärken – durare: (ab)härten, stählen

2 **a)** außerhalb des Hauses **b)** innerhalb des Hauses / im Haus **c)** oberhalb des Hauses / oben über dem Haus / auf dem Haus **d)** im Haus **e)** unter dem Tisch **f)** vor dem Haus **g)** vor dem Haus **h)** hinter dem Haus

3 **a)** eine dauerhafte / unendliche (ewige) Arbeit **b)** dauerhafte / ewige Freundschaft **c)** das dauerhaft Gute **d)** die richtige Vernunft / Art und Weise **e)** ein gerader Weg **f)** unbegründete / grundlose Angst **g)** starker Mut **h)** natürliches Schamgefühl **i)** unversehrte / unverletzte Soldaten

4 **a)** **Antiquität**: Gegenstand, der sehr alt ist (antiquus) – **Exponat**: Gegenstand, der ausgestellt (exponere) wird – **Ossuarium**: Gegenstand zur Aufbewahrung von Knochen (os) – **Horror**: Schrecken (horrere) **b)** Ein **fulminanter** Auftritt hat eine durchschlagende Wirkung wie ein Blitz (fulmen); **infantiles** Verhalten zeigt, wer sich wie ein Kleinkind oder Baby (infans) benimmt; ein **intendiertes** Ziel ist ein beabsichtigtes (intendere) Ziel.

Lektion 100

1 **a)** opera: die Arbeit, die Mühe ↔ opus: die Arbeit, das Werk ↔ ops: die Hilfe, die Kraft; *Pl.* die Macht, die Mittel, der Reichtum **b)** consequi: erreichen, nachfolgen ↔ persequi: verfolgen, erstreben ↔ sequi: folgen **c)** intentus: beabsichtigt, erstrebt ↔ contentus: zufrieden ↔ retentus: behalten, festgehalten, zurückgehalten **d)** praeesse: leiten, an der Spitze stehen ↔ praestare: *m. Akk.* gewähren, leisten, zeigen; *m. Dat.* übertreffen ↔ praecipere: (be)lehren, vorschreiben

2 **a)** Der Dichter verwendet (gibt) große Mühe auf die Verse. So hat er große Werke geschaffen (vollendet). **b)** Der Philosoph Sokrates wurde in Athen geboren. Kein großes Werk entsteht ohne große Mühe. **c)** Sokrates lehrte die jungen Männer vieles über die Sitten. Die Philosophie schreibt vor, dass du der Vernunft folg(en soll)st. **d)** Keiner war (dem) Sokrates an Gelassenheit ebenbürtig. Epikur sagte, dass der Abstand zwischen den fallenden Atomen nicht gleich sei.

3 **a)** Beim **Intervall**-Training, macht man kurze Pausen zwischen den einzelnen Übungen, sodass zwischen ihnen ein zeitlicher Abstand (intervallum) entsteht. **b)** Ein **privates** Problem ist ein persönliches (privatus) Problem. Das lat. Verb privare bedeutet eigentlich *berauben*. Der private Bereich ist also der, auf den den anderen der Einblick geraubt wurde. **c)** Das **operative** Geschäft ist das Geschäft, das aus der täglichen Arbeit (opera) im Geschäft besteht. Wer sich also aus dem operativen Geschäft zurückgezogen hat, arbeitet zwar noch, aber nicht mehr in einem für die Öffentlichkeit sichtbaren Bereich. **d)** Wer einen anderen **imitiert**, ahmt diesen nach (imitari). **e)** **Parität** bedeutet, dass zwischen den Geschlechtern ein gleiches (par) Verhältnis hinsichtlich der rechtlichen Stellung, dem Zugang zu Führungspositionen etc. herrscht.

Lektion 100 (2)

4 **a)** privatus: persönlich, privat ↔ publicus: öffentlich, staatlich **b)** mori: sterben ↔ nasci: geboren werden, entstehen **c)** invitus: ungern, gegen den Willen ↔ ultro: freiwillig, noch dazu **d)** redire: zurückgehen, zurückkehren ↔ progredi: vorrücken, weitergehen **e)** nullus: kein ↔ ullus: irgendeiner **f)** publicus: öffentlich, staatlich ↔ privatus: persönlich, privat **g)** labor: die Arbeit, die Anstrengung ~ opera: die Arbeit, die Mühe **h)** gaudere: sich freuen ~ voluptatem capere e / ex *m. Abl.*: Freude haben an **i)** plurimi: die meisten, sehr viele ~ plerique: die meisten, sehr viele **j)** docere: lehren, unterrichten ~ praecipere: (be)lehren, vorschreiben **k)** appetere: erstreben, haben wollen; angreifen ~ persequi: verfolgen; erstreben **l)** procedere: (vorwärts)gehen, vorrücken ~ progredi: vorrücken, weitergehen **m)** aequus: eben, gleich, gerecht ~ par: gleich, ebenbürtig **n)** aliqui: (irgend)einer ~ ullus: irgendeiner

5 **a)** Ich gebrauche / benutze Waffen. **b)** Ich gebrauche irgendeinen als Zeugen = Ich berufe / stütze mich auf jemanden als Zeugen. **c)** Ich gebrauche irgendeinen als Freund = Ich habe jemanden zum Freund. **d)** Ich gebrauche die Hilfe der Freunde = Ich nehme die Hilfe der Freunde in Anspruch. **e)** Ich gebrauche / halte eine Rede. **f)** Ich gebrauche dein Beispiel = Ich handle nach deinem Beispiel. **g)** Ich gebrauche den Rat des Freundes = Ich stütze mich auf den Rat des Freundes. **h)** Ich gebrauche den Konsul freundschaftlich = Ich pflege vertrauten / freundschaftlichen Umgang mit dem Konsul.

6 a) Ein **exemplarisches** Verhalten kann anderen als Beispiel (exemplum) dienen. **b)** Ein **progressives** Vorgehen ist dadurch gekennzeichnet, dass es in die Zukunft gerichtet ist, also vorwiegend vorrückt (progredi) und nicht hauptsächlich zurückblickt. **c)** Ein **User** ist jemand, der etwas benutzt (uti), also ein Benutzer. **d)** Wenn eine Wissenschaftlerin etwas **publiziert**, dann macht sie die Ergebnisse ihrer Forschung öffentlich (publicus) bekannt, z. B. in Form eines Buches.

Lektion 101

1 **a)** coniungere: verbinden, vereinigen **b)** conicere: (zusammen)werfen, folgern, vermuten **c)** consuescere: sich daran gewöhnen **d)** conferre: vergleichen, zusammentragen **e)** condere: verwahren, verbergen; erbauen, gründen **f)** confiteri: (ein)gestehen **g)** consulere: *m. Akk.* um Rat fragen; *m. Dat.* sorgen für; in *m. Akk.* vorgehen gegen **h)** constituere: festsetzen, beschließen **i)** consistere: stehenbleiben, haltmachen, sich aufstellen **j)** consequi: erreichen, nachfolgen

2 **a)** Der Senator begibt sich in die Stadt. Der Senator hat die Kurie / das Rathaus betreten. Der Senator beginnt zu sprechen. **b)** Der Feldherr / Kaiser stellt die Truppen auf. Der Feldherr / Kaiser hat die Schiffe mit Soldaten bemannt (ausgerüstet). Die Beamten sind vom Kaiser im Bürgerlichen Recht unterrichtet worden.

3 **a)** Wie groß ist dein Ehrgeiz? **b)** Es ist offenkundig, dass dein Ehrgeiz sehr groß ist. **c)** Dein Ehrgeiz scheint sehr groß (zu sein). **d)** Wie groß (doch) dein Ehrgeiz ist! **e)** Niemand hat so großen Ehrgeiz wie du (ist von so großem Ehrgeiz wie du).

4 **a)** Wer anderen **Instruktionen** erteilt, sagt ihnen, was sie zu tun haben, das heißt er / sie „rüstet“ (instruere) sie mit Vorschriften „aus“. **b)** Ein Politiker ist **ambitioniert**, wenn er den Ehrgeiz (ambitio) hat, z. B. ein Regierungsamt zu bekleiden. **c)** Ein Verdacht, der sich **manifestiert**, wird offenkundig (manifestus). **d)** Wenn es nicht auf die **Quantität**, d. h. auf das „wie viel“ (quantus), sondern auf die **Qualität**, d. h. darauf, „wie beschaffen“ etwas ist (qualis), ankommt, dann ist nicht die Menge, sondern die Güte einer Sache entscheidend.

Lektion 101 (2)

5 **a)** ridere: lachen, auslachen ↔ videre: sehen ↔ videri: scheinen, gelten (als) **b)** sonus: der Ton, der Klang, das Geräusch ↔ onus: die Last ↔ opus: die Arbeit, das Werk **c)** placet: es gefällt jdm., jd. beschließt ↔ licet: es ist erlaubt, es ist möglich ↔ scilicet: freilich, natürlich **d)** instruere: aufstellen, ausrüsten, unterrichten ↔ instare: bevorstehen, hart zusetzen ↔ intrare: betreten, eintreten **e)** ac / atque: und, und auch; *im Vergleich:* wie, als ↔ idem ac / atque: derselbe wie ↔ alius ac / atque: ein anderer als **f)** agere: handeln, treiben, verhandeln ↔ agitare: betreiben, überlegen ↔ cogitare: denken, beabsichtigen

6 **a)** admittere: zulassen – amittere (wörtl. weggehen lassen): aufgeben, verlieren – permittere (wörtl. durchgehen lassen): erlauben, überlassen – promittere (wörtl. Worte vorausschicken): versprechen – remittere (wörtl. zurücklassen): zurückschicken, nachlassen, vermindern **b)** confiteri: (ein)gestehen **c)** accipere: annehmen – incipere (wörtl. in Angriff nehmen): anfangen, beginnen – suscipere (wörtl. von unten auf sich nehmen): auf sich nehmen, unternehmen, übernehmen – recipere: zurücknehmen, aufnehmen, wiederbekommen **d)** aggredi (wörtl. hingehen): angreifen – ingredi (wörtl. hineingehen): beginnen, betreten – regredi: zurückgehen, zurückkehren – progredi (wörtl. nach vorne gehen): vorrücken

7 **a)** Ich habe Gaius adoptiert. **b)** Es ist offenkundig, dass mir seine Karriere (sein Stand) am Herzen liegt. **c)** Doch ich mache mir viele Gedanken (überlege viel mit mir), was für ihn besser ist. **d)** Nichts scheint aber besser zu sein, als dass der Junge sich an Aufgaben gewöhnt. **e)** Welche Tätigkeit aber wird ihn erfreuen? **f)** Wird er am Führen von Gerichtsverhandlungen Freude haben oder wird er (doch) lieber Reden halten?

Lektion 102

1 **a)** instruere: aufstellen, ausrüsten, unterrichten ~ instituere: beginnen, einrichten, unterrichten **b)** tempus: die (günstige) Zeit, die Umstände ~ aetas: das Lebensalter, die Zeit, das Zeitalter **c)** potestas: die (Amts-)Gewalt, die Macht ~ potentia: die Macht **d)** sapientia: die Klugheit, die Weisheit ~ prudentia: die Klugheit **e)** providere: *m. Akk.* vorhersehen; *m. Dat.* sorgen für ~ prospicere: achtgeben, dafür sorgen, (vorher)sehen **f)** expellere: vertreiben, verbannen ~ eicere: hinauswerfen, vertreiben **g)** rapere: wegführen, rauben, wegreißen ~ eripere: entreißen **h)** ceteri: die übrigen ~ reliqui: die übrigen, künftigen

2 **a)** iustitia: die Gerechtigkeit – ius: das Recht – iustus: gerecht – iniustus: ungerecht – iudicare: urteilen, beurteilen – iudex: der Richter **b)** familiaris: freundschaftlich, vertraut; *Subst.* der Freund – familia: die Familie – pater familias: der Hausherr, das Familienoberhaupt – res familiaris: das (Privat-)Vermögen, der Besitz **c)** -que: und – -ne: unübersetzte Fragepartikel – -ve: oder

3 **a)** constituere: festsetzen, beschließen – restituere: wiederherstellen – instituere: beginnen, einrichten, unterrichten **b)** respicere: zurückblicken, berücksichtigen – aspicere: erblicken, ansehen – conspicere: erblicken – despicere: herabblicken auf, verachten – prospicere: achtgeben, dafür sorgen, (vorher)sehen – perspicere: durchschauen, genau betrachten, sehen, erkennen **c)** conicere: (zusammen)werfen, folgern, vermuten – eicere: hinauswerfen, vertreiben – subicere: darunterlegen, unterwerfen – adicere: dazu werfen, hinzufügen – reicere: zurückwerfen, zurückweisen

4 **a)** Silber ist teurer / mehr wert als Eisen; es ist aber nicht teurer / mehr wert als Gold. **b)** Jeder Senator war Teil des Senatorenstandes; aber nicht jeder Senator war Teil des Adels in / von Rom.

Lektion 103

1 **a)** ignis: das Feuer – accendere: anfeuern, anzünden – ardere: brennen **b)** iudex: der Richter – iudicare: urteilen, beurteilen – iudicium: das Gericht, das Urteil – iustitia: die Gerechtigkeit – iustus: gerecht – iniustus: ungerecht – aequus: eben, gleich, gerecht **c)** errare: umherirren, (sich) irren – peccare: sündigen, einen Fehler machen – poena: die Strafe – poena afficere: bestrafen – punire: bestrafen – supplicium: die Strafe, die Hinrichtung; das flehentliche Bitten – damnare: verurteilen (wegen) **d)** licet: es ist erlaubt, es ist möglich – licentia: die Freiheit, die Willkür – concedere: erlauben, nachgeben, zugestehen – permittere: erlauben, überlassen – admittere: hinzuziehen, zulassen

2 **a)** quisquis: jeder, der; wer auch immer ↔ quisque: jeder ↔ quippe: freilich, zumal **b)** accendere: anfeuern, anzünden ↔ accedere: herbeikommen, hinzukommen ↔ accidere: geschehen, sich ereignen **c)** interficere: töten, vernichten ↔ interesse: dazwischen sein; teilnehmen (an) ↔ interest *(m. Gen.)*: es ist wichtig (für jdn.) **d)** par: ebenbürtig, gleich ↔ parum: (zu) wenig ↔ paulum: ein wenig

3 **a)** Ein Mann (sagt): „Ich ziehe vornehme Freunde zur Beratung hinzu. Doch mein Adel / meine vornehme Abstammung lässt es nicht zu, dass ich als Gladiator an Spielen teilnehme." **b)** Ein Richter (sagt): „Du hast das gemacht. Deshalb musst du bestraft werden. Aber sage mir: Warum hast du das gemacht?"

4 Jeder, der (Wer auch immer) die Gesetze zu sehr nicht beachtet, muss bestraft werden, auch wenn er ein Adeliger ist.

Lektion 104

1 Meer: mare / aequor – Welle: unda – Wasser: aqua – Insel: insula – Fluss: fluvius / flumen – Quelle: fons – Sturm: tempestas / hiems – Strand: litus – Küste: ora – Ufer: ripa – Schiff: navis – Flut: fluctus

2 **a)** plus: mehr ↔ minus: weniger **b)** aestas: der Sommer ↔ hiems: der Winter; das Unwetter **c)** antea: vorher, früher ~ prius: früher, zuerst **d)** subito: plötzlich ~ repente: plötzlich, unerwartet **e)** rogare: fragen, bitten ~ quaesere: bitten

3 **I. quaero**: **c)** Ne *quaesiveritis*! – **e)** *Quaere* ... **II. quaeso**: **b)** Oro *quaeso*que ... – **e)** ..., *quaeso*, magistrum! – **f)** velut ... „*quaeso*", „aio". **III. queror**: **a)** Ne *questi sitis*! – **b)** ... ne *queraris* – **d)** Quare *quereris*?

a) Klagt nicht! (Prohibitiv) **b)** Ich bitte dich inständig (Ich bitte und bitte dich), dass du nicht klagst. **c)** Sucht / Fragt nicht! (Prohibitiv) **d)** Weshalb klagst du? **e)** Suche, bitte, den Lehrer! **f)** Es gibt Wörter, die nicht konjugiert werden können, wie zum Beispiel „inquam" (ich sage), „quaeso" (bitte) und „aio" (ich sage(t)e).

4 **a)** Du fährst (transportierst) Menschen auf einem Schiff. (→ Chauffeur) **b)** Du wirst auf einem Schiff gefahren. / Du fährst auf einem Schiff. (→ Passagier) **c)** Warum bist du nicht mit dem Wagen gefahren? (→ Passagier) **d)** Niemand hat den Wagen gefahren / gezogen. (→ [kein] Chauffeur) **e)** Die Gesandten haben sich auf den Pferden schneller / ziemlich schnell fortbewegt. (→ Passagier) **f)** Deshalb ist niemand mit dem Wagen gefahren. (→ Passagier)

5 **a)** avaritia: Wer auch immer begierig nach Geld ist, ist sehr habsüchtig (von großer Habsucht). **b)** adventus: Wer auch immer ersehnt / vermisst in die Heimat zurückkehrt, dessen Ankunft wird erwartet. **c)** suspicio: Wer auch immer eine Sache vermutet, den bewegt eine Vermutung / ein Verdacht. **d)** duplicem: Wer auch immer zwei zu zwei hinzufügt, erhält (hat) die doppelte Zahl.

Lektion 105

1 **a)** Markus und Lucius sind Brüder. **b)** Aber jeder von beiden ist in einem anderen Zeitalter geboren. **c)** Der eine von ihnen ist nämlich vor Christi Geburt geboren, der andere nach Christi Geburt. → Mit **uterque** werden zwei Personen als Einzelpersonen gegenübergestellt. Mit **alter ... alter** werden zu zwei genannten Personen verschiedene Angaben gemacht.

2 **a)** A: „Ist mein Haus größer **oder** (ist) das deine (größer)? Warum schweigst du? Antwortest du endlich **oder** nicht? Ich möchte wissen, ob dein Haus größer ist **oder** das meine." → an leitet jeweils den zweiten Teil einer (direkten bzw. indirekten) Doppelfrage ein. B: „Ich weiß nicht, **ob nicht** dein Haus größer ist." / „Vielleicht ist dein Haus größer." → Nach Ausdrücken des Nichtwissens heißt an „ob nicht". Die Wendung „Ich weiß nicht, ob nicht ..." kann dann mit „Vielleicht ..." wiedergegeben werden. **b)** A: „Verbindet die rechte Hand **oder** die linke Hand den Hals mit dem Kopf?" → utrum ... an markiert Doppelfragen; an wird mit „oder" wiedergegeben. B: „Bist du **etwa** strohdumm?" → an zu Beginn einer direkten Frage wird mit „oder; etwa" wiedergegeben. Der erste Teil einer Doppelfrage ließe sich aus dem Zusammenhang ergänzen, z. B. „[Meinst du das ernst oder] bist du etwa strohdumm?"

3 **a)** ignarus: Wer auch immer nichts weiß, ist unwissend. **b)** irascitur: Wer auch immer mit Zorn versehen worden ist, ist zornig. **c)** infestus: Wer auch immer gegen mich handelt, ist mir feindselig / feindlich (gesinnt). **d)** sumptus: Wer auch immer Spiele veranstaltet (macht), hat große Kosten. **e)** impetravit: Wer auch immer das, was er eben noch wollte, erreicht hat, hat seinen Willen durchgesetzt.

4 **a)** Nichts geschieht ohne Grund. **b)** Von nichts kommt nichts / Aus nichts wird nichts. **c)** Was du willst, dass dir nicht (an)getan wird, das darfst du auch einem anderen nicht antun! **d)** Und Gott sprach: „Es werde Licht!" Und es wurde Licht. **e)** Eine Tat kann nicht (mehr) ungeschehen gemacht werden. **f)** Wie geschieht es, dass die meisten ihre eigenen Fehler nicht erkennen (ohne Kenntnis der eigenen Fehler sind)? **g)** Es ist unmöglich (kann nicht geschehen), dass das geschieht.

5 **Wegen** (ob) seiner Prüfungsangst **wiederholte** (repetere) ein **Arzt** (medicus) alles Wichtige immer wieder.

Lektion 106

1 **a)** producere: (vor)führen, hervorbringen **b)** prospicere: achtgeben, dafür sorgen, (vorher)sehen **c)** progredi: vorrücken, weitergehen **d)** proficisci: (ab)reisen, aufbrechen **e)** procedere: (vorwärts)gehen, vorrücken **f)** prodere: verraten, überliefern **g)** proponere: darlegen, in Aussicht stellen **h)** promittere: versprechen **i)** providere: *m. Akk.* vorhersehen; *m. Dat.* sorgen für

2 **a)** Der Feldherr / Kaiser stellt den Juden eine Strafe in Aussicht. Deshalb legen die Juden dar, dass der Feldherr / Kaiser ihnen feindlich (gesinnt) ist. **b)** Stolz bringt Verbrechen hervor. Die Verbrecher werden zur Hinrichtung (vor)geführt. **c)** Ich gehe zu den Feldern. Die Felder bringen Getreide hervor. Durch den Verkauf dieses Getreides bin ich reich geworden. Doch ich will (noch) reicher werden. Deshalb werde ich (noch) mehr Äcker erwerben.

3 **a)** Ein Mensch, der **frustriert** ist, ist enttäuscht, weil alle Anstrengung vergeblich (frustra) war. **b)** Ein **Mandant** ist der, der einen Auftrag gibt (PPA mandans), während das **Mandat** der Auftrag ist, der gegeben wurde (PPP mandatum). **c)** Ein Verhalten ist un**diszipliniert**, wenn es gegen die geltende Ordnung (disciplina) verstößt. **d)** **Dividieren** = Teilen (dividere); **Addieren** = Hinzufügen (addere); **Subtrahieren** = Abziehen (sub + trahere); **Multiplizieren** = Vervielfachen (multi + duplex).

Lektion 106 (2)

4 **a)** vendere: verkaufen ↔ tendere: (aus)strecken, spannen, sich anstrengen ↔ contendere: sich anstrengen, kämpfen, eilen, behaupten **b)** persequi: verfolgen, erstreben ↔ insequi: unmittelbar folgen, verfolgen ↔ consequi: erreichen, nachfolgen **c)** si: wenn, falls ↔ sine: ohne ↔ sive / seu: oder, oder wenn **d)** lux: das Licht, das Tageslicht ↔ dux: der Anführer, die Anführerin ↔ crux: das Kreuz

5 1 requirere D aufsuchen, sich erkundigen, verlangen – 2 dividere F teilen, trennen – 3 retinere E behalten, festhalten, zurückhalten – 4 repetere H (zurück)verlangen, wiederholen – 5 contingere I berühren, gelingen – 6 excipere G ausnehmen, eine Ausnahme machen – 7 contendere C sich anstrengen, kämpfen; eilen; behaupten – 8 continere A festhalten, enthalten – 9 tendere B (aus)strecken, spannen, sich anstrengen

6 **Woher?** hinc: von hier; hierauf | **Wo?** hic: hier – istic: da, dort – illic: dort | **Wohin?** illuc: dahin, dorthin – quo: wohin? – eo: dorthin; deswegen – huc: hierher

7 **a)** Unter einem **Tumult** versteht man einen Zustand, in dem es drunter und drüber geht, da große Unruhe (tumultus) herrscht. **b)** Ein **exzeptionelles** Verhalten ist außergewöhnlich, d. h. es macht eine Ausnahme (excipere) zu dem, was man als normal bezeichnet.

Lektion 107

1 **a)** ver: der Frühling ↔ verus, a, um: echt, richtig, wahr ↔ verum: aber, sondern ↔ vero: aber, in der Tat, wirklich **b)** quisnam: wer denn? ↔ quidnam: was denn? ↔ quidam: ein gewisser, (irgend)ein; *Pl.* einige ↔ quidem: freilich, gewiss, wenigstens, zwar **c)** neque: und nicht, auch nicht ↔ neque vero: aber nicht ↔ neque tamen: freilich nicht, jedoch nicht ↔ neque ... neque: weder ... noch ↔ ne ... quidem: nicht einmal

2 **a)** quidem: freilich, gewiss, wenigstens, zwar ~ sane: allerdings, gewiss; meinetwegen **b)** filia: die Tochter ~ nata: die Tochter **c)** dives: reich ~ locuples: reich, wohlhabend **d)** filius: der Sohn ~ natus: der Sohn

3 **a) nuptiae**: die Hochzeit → nubere: heiraten **b) saevire**: wüten, rasen → saevus: schrecklich, wild, wütend **c) supplex**: demütig bittend → supplicium: die Strafe, die Hinrichtung; das flehentliche Bitten **d) natus**: der Sohn → nasci: entstehen, geboren werden

4 **a)** Die Soldaten erhalten in Gegenwart des Anführers den Lohn. **b)** Die Verbündeten brechen den Vertrag, der öffentlich mit den Römern geschlossen (gemacht) wurde.

5 **a)** Der **Rest** sind diejenigen, die übrig bleiben (restare). In unserem Fall sind diejenigen, die übrig bleiben, freilich die Mehrheit. Von dieser Mehrheit unterscheiden sich die **Nudisten** dadurch, dass sie überall dort, wo es erlaubt ist, nackt (nudus) herumlaufen. **b)** Eine Ausdrucksweise ist **vulgär**, wenn man sich pöbelhafter (vulgus) Ausdrücke bedient, hingegen **elegant**, wenn man sich geschmackvoll (elegans) und gewählt äußert. **c)** Ursprünglich hat man nur Oliven gepresst und daraus Olivenöl gewonnen. Wer von **Öl** sprach, meinte deshalb stets Olivenöl (oleum). Später presste man dann auch andere ölhaltige Früchte, wie z. B. Sonnenblumenkerne, Kürbiskerne und Nüsse.

Lektion 108

1 **a)** ignis: das Feuer – incendium: der Brand, das Feuer – urere: (ver)brennen, ausdörren, austrocknen – accendere: anfeuern, anzünden – ardere: brennen – cinis: die Asche – flamma: die Flamme, das Feuer **b)** nex: der Mord, der (gewaltsame) Tod – caedere: fällen, töten – occidere: niederschlagen, töten – caedes: der Mord, das Blutbad – interficere: töten, vernichten – exstinguere: auslöschen, vernichten **c)** timor: die Angst, die Furcht – terrere: erschrecken – dirus: schrecklich, grauenvoll – immanis: furchtbar, schrecklich – terror: die Angst, der Schrecken – saevus: schrecklich, wild, wütend – metus: die Angst – crudelis: grausam

2 **a)** clarus: klar, hell, berühmt ↔ ater: schwarz, düster **b)** clementia: die Milde, die Nachsicht ↔ crudelitas: die Grausamkeit **c)** diligere: hochachten, lieben ↔ parvi ducere: geringschätzen, geringachten **d)** latus: weit, breit ↔ angustus: eng, schwierig

3 **a) propius**: näher → prope: nahe bei, in der Nähe von **b) quocumque**: wohin auch immer → quo: wohin **c) crudelitas**: die Grausamkeit → crudelis: grausam **d) caedes**: der Mord, das Blutbad → caedere: fällen, töten

4 Der Löwe zerreißt die unschuldigen Christen mit großer Grausamkeit.

5 „Es ist Feuer in den Hölzern." Der Clou des lateinischen Satzes liegt darin, dass man aus Holz nicht nur tatsächlich Feuer machen kann, sondern dass sich im Lateinischen das Feuer (ignis) auch darin (lignis) verbirgt: **l**ignis

Lektion 109

1 **a)** hospes: der Fremde, der Gast, der Gastgeber ↔ hostis: der Feind (Landesfeind) ↔ hostia: das Opfertier, das Schlachtopfer **b)** capere: fassen, nehmen, erobern ↔ carere: frei sein von, ohne (etw.) sein, nicht haben ↔ canere: singen, (ver)künden **c)** scire: wissen, kennen, verstehen ↔ quire: können ↔ quare: weshalb, wodurch; deshalb **d)** invitus: ungern, gegen den Willen ↔ invitare: einladen ↔ vitare: meiden, vermeiden **e)** varius: bunt, verschieden, vielfältig ↔ vanus: grundlos, unbegründet ↔ vastus: riesig, öde, verwüstet **f)** placet: es gefällt jdm., jd. beschließt ↔ licet: es ist erlaubt, es ist möglich ↔ libet: es gefällt, es beliebt **g)** similis: ähnlich ↔ simul: sobald ↔ procul: von fern, weit weg; fern von

2 **a) otiosus**: müßig, untätig, unbeschäftigt → otium: die freie Zeit, die Ruhe (von beruflicher Tätigkeit), der Frieden **b) ludere**: spielen → ludus: das Spiel, die Schule **c) rapidus**: reißend, wild → rapere: wegführen, rauben, wegreißen **d) domi**: zu Hause, daheim → domus: das Haus

3 **a)** conferre: vergleichen, zusammentragen – inferre: hineintragen, zufügen – referre: (zurück)bringen, berichten – afferre: bringen, herbeibringen, mitbringen; melden – proferre: (hervor)holen, zur Sprache bringen – auferre: wegbringen, rauben – deferre: hinbringen, melden, übertragen **b)** procedere: (vorwärts)gehen, vorrücken – discedere: auseinandergehen, weggehen – accedere: herbeikommen, hinzukommen – antecedere: jdn. übertreffen, überlegen sein – incedere: heranrücken, eintreten, (jdn.) befallen – concedere: erlauben, nachgeben, zugestehen **c)** conicere: (zusammen)werfen, folgern, vermuten – eicere: hinauswerfen, vertreiben – subicere: darunterlegen, unterwerfen – adicere: hinzufügen – reicere: zurückwerfen

4 Die Germanen, Senatoren, waren kurz vorher (noch) Gastgeber / Gäste. Nun sind sie Feinde und kämpfen mit uns.

Lektion 110

1 **a) et**: und, auch → et ... et: sowohl ... als auch **b) aut**: oder → aut ... aut: entweder ... oder **c) neque**: und nicht, auch nicht → neque ... neque: weder ... noch **d) vel**: oder → vel ... vel: entweder ... oder **e) modo**: eben (noch), nur → modo ... modo: manchmal ... manchmal **f) iterum**: wiederum, zum zweiten Mal → iterum atque iterum: immer wieder

2 **a)** nobilis: adelig, berühmt, vornehm ~ liberalis: vornehm, edel, freigebig **b)** omnino: insgesamt, überhaupt, völlig ~ penitus: gänzlich, völlig **c)** appetere: erstreben, haben wollen, angreifen ~ concupiscere: begehren, verlangen **d)** modus vivendi: die Art zu leben ~ victus: die Lebensweise, die Lebensart **e)** liber: das Buch ~ scriptum: das Buch, die Abhandlung **f)** amplus: bedeutend, groß, weit ~ gravis: schwer; bedeutend, angesehen

3 **a) concupiscere**: begehren, verlangen → cupere: wünschen, verlangen → cupiditas: das (heftige) Verlangen (nach), die Leidenschaft → cupidus, a, um: (be)gierig (nach) **b) liberalis**: vornehm, edel, freigebig → liberare: befreien, freilassen → libertas: die Freiheit → liber, a, um: frei **c) victus**: die Lebensweise, die Lebensart → vivere: leben → vivus, a, um: lebend, lebendig **d) consumere**: verbrauchen, verwenden → sumere: nehmen → sumptus: der Aufwand, die Kosten **e) consuetudo**: die Gewohnheit → consuescere: sich daran gewöhnen **f) libido**: das Verlangen (nach), die Lust, die Willkür → libet: es beliebt, es gefällt **g) sicut**: (so) wie → velut: wie, wie zum Beispiel **h) commodus, a, um**: günstig, angenehm, angemessen → commodum: die Bequemlichkeit, der Vorteil

4 Die Lebensweise des Markus, eines vornehmen / freigebigen und geistreichen / netten Mannes, ist angenehm. Denn dadurch, dass er keine Sache begehrt, ist er völlig frei von Verlangen. Deshalb führt dieser bedeutende / angesehene Mann ein glückliches Leben so wie ein Gott.

Lektion 111

1 **a)** locuples: reich, wohlhabend ~ copiosus: reich, wohlhabend **b)** praeclarus: großartig ~ singularis: einzeln; ausgezeichnet, vorzüglich **c)** affirmare: behaupten, bestätigen ~ praedicare: behaupten **d)** se ostendere: sich zeigen ~ se praebere: sich zeigen, sich erweisen als **e)** bonus: gut, tüchtig ~ probus: anständig, gut **f)** accendere: anfeuern, anzünden ~ incendere: entflammen, in Brand stecken **g)** oculus: das Auge ~ lumen: das Licht; das Auge **h)** tradere: übergeben, überliefern ~ dedere: ausliefern, übergeben **i)** circumdare: umgeben ~ circumvenire: umringen, umzingeln **j)** magnitudo: die Größe ~ amplitudo: der (große) Umfang; die Großartigkeit, die Erhabenheit

2 **a) opus, operis**: die Arbeit, das Werk – **opera**: die Arbeit, die Mühe – **ops, opis**: die Hilfe, die Kraft; *Pl.* die Macht, die Mittel, der Reichtum – **opus est**: es ist nötig **b) 1** Sicher kennst du <u>Ciceros Werke</u>. **2** <u>Mit großer Mühe</u> erhöhen (vergrößern) die Sklaven die Mauer. **3** Viele bewunderten <u>den Reichtum des Königs Krösus</u>. **4** Wer <u>bringt</u> den Armen <u>Hilfe</u>? **5** Was (Welche Sache) <u>brauchen</u> die Armen? **6** Der Richter <u>verwendet</u> (setzt) sehr viel <u>Mühe</u> auf die Gesetze. **7** Einst <u>war</u> die Stadt Karthago <u>stark wegen ihres Reichtums</u> (durch ihren <u>Reichtum</u>).

3 Der Feldherr schickte plötzlich kräftige Soldaten aus dem Tor heraus und veranlasste (verleitete) dadurch die Schlachtordnung der Feinde zur plötzlichen Flucht.

Lektion 112

1 **a)** singulus: je ein, jeder einzelne ~ unusquisque: jeder einzelne **b)** negare: leugnen, verneinen, verweigern ~ recusare: sich weigern **c)** infestus: feindlich, feindselig ~ adversus: entgegengesetzt, feindlich **d)** interest: es ist wichtig (für jdn.) ~ refert: es ist wichtig (für jdn.) **e)** tribuere: schenken, zuteilen ~ distribuere: verteilen

2 **a) fidelis**: treu, ergeben → fides: der Glaube, die Treue, das Vertrauen, die Zuverlässigkeit **b) tutela**: der Schutz → tutus: sicher, geschützt **c) adversus**: entgegengesetzt, feindlich → adversarius: feindlich; *Subst.* der Gegner, der Feind **d) paratus**: bereit, entschlossen → parare: (vor)bereiten, vorhaben, erwerben

3 **a)** Ein Soldat (fragt): „Wohin führst du uns, Feldherr? **b)** Mit welcher Belohnung motivierst (veranlasst) du uns, damit wir umso tapferer kämpfen?“ **c)** Der Feldherr (antwortet): „Ich werde euch die größtmögliche Belohnung (eine Belohnung, im Vergleich zu der keine größere gedacht werden kann) geben: Ruhm. **d)** Je tapferer ihr kämpfen werdet, desto größer wird euer Ruhm sein.“

4 a) Niemand fügte den Römern solche Niederlagen zu wie **Hannibal**. b) Niemand besiegte so viele Ungeheuer wie **Herkules**. c) Niemand war so weise wie **Sokrates**. d) Niemand gab weisere Antworten als **Pythia**. e) Niemand besaß so großen Reichtum wie **Krösus**. f) Niemand führte so oft Prozesse wie **Cicero**.

Lektion 113

1 a) diligere: hochachten, lieben ↔ odisse: hassen b) nescire: nicht wissen, nicht kennen, nicht verstehen ↔ no(vi)sse: kennen, wissen c) nemo est, qui: es gibt niemanden, der ... ↔ sunt, qui: es gibt Leute, die ... d) singularis: einzeln, ausgezeichnet, vorzüglich ↔ universus: gesamt; *Pl.* alle zusammen e) usus: der Nutzen, die Benutzung ~ fructus: die Frucht, der Nutzen, der Ertrag f) vel ... vel: entweder ... oder ~ sive ... sive: sei es (dass) ... sei es (dass) g) memoria tenere: im Gedächtnis behalten ~ meminisse: sich erinnern an; daran denken h) age!: los!, auf!, nun, also ~ fac!: tu!, mach!, handle! i) imago: das Bild, das Abbild ~ simulacrum: das Bild, der Schatten *(eines Toten)*

2 a) du hast lieber gewollt – er / sie hat erwähnt – sie haben gefürchtet – sie erinnern sich (Perfektopräsens!) – ich habe verändert – wir haben befestigt b) ich hatte geleugnet – du hattest nicht gewollt – sie kannten (Perfektopräsens!) – er / sie hatte genannt – wir hatten vernachlässigt – ihr hattet geheiratet c) ich wäre verhasst gewesen – du hättest angeboten – sie wären entstanden – er / sie wäre begegnet – ihr würdet hassen (Perfektopräsens!) d) sie haben beschlossen – ich bin stehen geblieben – du hast um Rat gefragt – wir sind gewohnt (Perfektopräsens!) – ihr seid nachgefolgt

3 a) Der Herr zieht (fasst) aus der Arbeit der Sklaven Nutzen. Deshalb ist sowohl der Ertrag der Äcker groß als auch tragen die Bäume Früchte. b) Die Abbilder der Vorfahren und die Bilder der Götter schmücke ich. Aber die Schatten der Toten fürchte ich. c) Der gesamte Senat kam zusammen. Alle Senatoren zusammen befanden die Taten des Kaisers / Feldherrn für gut.

4 a) Sage mir, wie dies geschehen kann! b) Du bist würdig, gelobt zu werden, da du ja die Bücher in der Bibliothek sehr gut geordnet hast. c) Es gibt niemanden, der dies behauptet. Aber es gibt Leute, die dies leugnen. Wen aber gibt es, der diese(n) (zu) hört?

Lektion 114

1 1 talis ... qualis C so beschaffen ... wie – 2 tantus ... quantus D so groß ... wie – 3 tot ... quot E so viele ... wie – 4 tam ... quam F so ... wie – 5 quanto ... tanto B je ... desto – 6 totiens ... quotiens A so oft ... wie

2 a) raro: selten ↔ plerumque: meistens b) futurus: der (zu)künftige ↔ pristinus: früher c) remanere: (zurück)bleiben ↔ excedere: hinausgehen, weggehen; überschreiten d) prior: der erste, der frühere, der vordere ~ superior: der frühere, der weiter oben gelegene e) imprimis: besonders, vor allem / maxime: am meisten, besonders ~ praesertim: besonders f) auferre: wegbringen, rauben ~ tollere: aufheben, in die Höhe heben, wegnehmen g) pater / mater: der Vater / die Mutter ~ parens: der Vater / die Mutter

3 a) incedere: heranrücken, eintreten; (jdn.) befallen – concedere: erlauben, nachgeben, zugestehen – succedere: (nach)folgen, nachrücken – accedere: herbeikommen, hinzukommen – excedere: hinausgehen, weggehen, überschreiten b) inferre: hineintragen, zufügen – efferre: herausheben, hervorbringen– auferre: wegbringen, rauben – afferre: bringen, herbeibringen, mitbringen, melden – conferre: vergleichen, zusammentragen – tollere: aufheben, in die Höhe heben, wegnehmen

4 a) Der Priester hebt die Hände zum Himmel (in die Höhe). b) Der Dieb raubt (nimmt) die Statuen aus dem Tempel (weg). c) Der Vater hebt den Jungen in die Höhe, damit er mehr sehen kann. d) Es ist wichtig für alle, dass ein schlechtes Gesetz aufgehoben wird. e) Die Kaufmänner verlassen die Stadt (gehen aus der Stadt weg). f) Das, was du erzählst, ist unglaublich (überschreitet den Glauben). g) Der Anführer geht unversehrt aus der Schlacht (hinaus). h) Die Hoffnung des Ikarus stützte sich auf die Begabung seines Vaters. i) Auf die Hilfe seines Vaters gestützt flog Ikarus zum Himmel (erstrebte Ikarus den Himmel). j) Während er mit höchsten Kräften zu den Sternen strebte, fiel er vom Himmel ins Meer (herab).

Lektion 115

1 a) dimicare: kämpfen ~ confligere: aneinander geraten, erbittert kämpfen / certare: kämpfen, streiten b) pugnare: kämpfen ~ certare: kämpfen, streiten / confligere: aneinander geraten, erbittert kämpfen c) iniustus: ungerecht ~ iniquus: ungerecht, ungleich d) celeriter: schnell ~ cito: schnell e) dirus: schrecklich, grauenvoll ~ atrox: hart, wild, grausam f) occidere: (zu Boden) fallen, umkommen, untergehen ~ interire: untergehen, zugrunde gehen g) casu: zufällig ~ forte: zufällig h) dum: während, solange, bis ~ quamdiu: wie lange, solange i) deducere: wegführen, hinführen ~ abducere: wegführen j) manifestum est: es ist offenkundig ~ apparet: es ist klar, es zeigt sich

2 **a) brevitas**: die Kürze → brevis: kurz **b) ruina**: die Ruine → ruere: stürzen, eilen, stürmen **c) universum**: die Welt, das Weltall → universus: gesamt, *Pl.* alle zusammen **d) prudens**: erfahren, klug → prudentia: die Klugheit, die Kenntnis, die Vorsicht

3 **a)** adire: herantreten (an), bitten, aufsuchen – inire: hineingehen (in), beginnen –redire: zurückgehen, zurückkehren – abire: weggehen – interire: untergehen, zugrunde gehen – subire: auf sich nehmen, herangehen – transire: durchqueren, hinübergehen, überschreiten – perire: umkommen, zugrunde gehen **b)** deducere: wegführen, hinführen – adducere: heranführen, veranlassen – abducere: wegführen – producere: (vor)führen, hervorbringen – reducere: zurückführen, zurückziehen

4 **a)** in: hinein + fundere: gießen → *infusion*: das Eingießen, das Einflößen (einer Flüssigkeit) **b)** con (cum): zusammen + fundere: gießen → *confusion*: die Zusammengießung (verschiedener Substanzen) → die Verwirrung, das Durcheinander **c)** trans: hinüber + ferre: tragen, bringen → *to transfer*: übertragen, übergeben, hinüberbringen **d)** ex: aus, heraus + plane: deutlich, klar → *to explain*: ausdeuten, klarmachen, erklären **e)** universum: das Weltall → *universe*: das Weltall **f)** confligere: aneinander geraten, erbittert streiten → *to conflict*: miteinander streiten, im Gegensatz stehen, sich widersprechen **g)** apparet: es ist klar, es zeigt sich → *to appear*: klar werden, erscheinen, sich zeigen

Lektion 116

1 **a)** iterum: wiederum, zum zweiten Mal ~ rursus: wieder **b)** consuevisse: gewohnt sein ~ solere: gewohnt sein, gewöhnlich etw. tun **c)** frequens: häufig, zahlreich ~ creber: häufig, zahlreich **d)** universum: das Weltall ~ mundus: die Welt; das Weltall, das Universum **e)** sine fine: ohne Ende ~ infinitus: unbegrenzt **f)** quemadmodum: wie? auf welche Weise? ~ quomodo: wie? auf welche Weise?

2 **a) celeritas**: die Schnelligkeit → celer: schnell **b) audere**: wagen → audacia: die Frechheit, die Kühnheit **c) nauta**: der Schiffer, der Seemann → navis: das Schiff **d) quomodo**: wie? auf welche Weise? → modus: die Art, die Weise; das Maß **e) vulgo**: allgemein, gewöhnlich → vulgus: die Leute (aus dem Volk), die große Masse, der Pöbel **f) confidere**: vertrauen → fiducia: das Vertrauen

3 **Passiv**: **e)** conficere: fertig machen, beenden – **f)** augere: vergrößern, vermehren – **i)** consuescere: sich daran gewöhnen – **j)** solvere: lösen, auflösen, bezahlen | **Deponens**: **b)** aggredi: angreifen, herangehen – **c)** confiteri: (ein)gestehen – **k)** sequi: folgen | **Semideponens**: **a)** confidere: vertrauen – **d)** audere: wagen – **g)** gaudere: sich freuen – **h)** solere: gewohnt sein, gewöhnlich etw. tun – **l)** reverti: zurückkehren

Übersetzungen: **a)** wir haben vertraut **b)** du hast angegriffen **c)** ich habe gestanden **d)** ich habe gewagt **e)** sie wurden vollendet **f)** es wurde vergrößert **g)** ihr habt euch gefreut **h)** er war gewohnt **i)** es (man) hat sich daran gewöhnt ~ es (man) ist gewohnt **j)** er wurde gelöst **k)** er folgte **l)** zurückgekehrt

4 **a) solo** *Abl. Sg.* zu solus – **soleo** *1. Pers. Sg. Ind. Präs. Aktiv* zu solere – **soles** *Nom.* oder *Akk. Pl.* zu sol bzw. *2. Pers. Sg. Ind. Präs. Aktiv* zu solere – **soli** *Nom. Pl. m* oder *Dat. Sg.* zu solus bzw. *Dat. Sg.* zu sol – **solem** *Akk. Sg.* zu sol – **solutus** *PPP Nom. Sg. m* zu solvere – **solitus** *PPP Nom. Sg. m* zu solere – **solum** *Nom. Sg. n* oder *Akk. Sg. m / n* zu solus bzw. *Gen. Pl.* zu sol – **solorum** *Gen. Pl. m / n* zu solus

5 **a)** fingit: Der Dichter denkt sich eine Geschichte aus. **b)** reperit: Orest findet seine verlorene (verloren geglaubte) Schwester wieder. **c)** perspexerunt: Die Trojaner durchschauten / erkannten die List der Griechen nicht. **d)** observabant: Die alten Philosophen beobachteten die Sterne.

Lektion 117

1 **a)** gratiam habere: danken, dankbar sein ↔ gratias agere: Dank sagen, danken **b)** proferre: (hervor)holen, zur Sprache bringen ↔ praeferre: vorziehen ↔ praebere: geben, hinhalten **c)** aetas: das Lebensalter, die Zeit, das Zeitalter ↔ aestas: der Sommer ↔ aestus: die Hitze, die Flut **d)** aggredi: angreifen, herangehen ↔ ingredi: betreten, beginnen ↔ egredi: hinausgehen, verlassen **e)** proinde: also, daher ↔ profecto: sicherlich, tatsächlich ↔ protinus: sofort ↔ prorsus: überhaupt, völlig **f)** alius: ein anderer ↔ altus: hoch, tief ↔ alter: der eine / der andere (von zweien) ↔ alter ... alter: der eine ... der andere

2 **a) frui**: genießen, sich an etwas erfreuen → fructus: die Frucht, der Nutzen, der Ertrag **b) supremus**: der (die, das) höchste, letzte, oberste → supra: oberhalb, oben über **c) sedes**: der Platz, der Sitz, der Wohnsitz → sedere: sitzen → considere: sich setzen, sich niederlassen → possidere: besitzen

3 Ein Junge (sagt): „Ich brenne so sehr vor Liebe, dass ich das beschlossen habe: Ich suche dich jetzt auf, um dich zu bitten, dass du mich heiratest."

4 Kaum jemand lässt sich finden (wird gefunden), der den Göttern nicht dankt, dass er ans (zum) Ende dieses Heftes gelangt ist.

Campus neu

Gesamtkurs Latein

Ausgabe B

Wortschatztraining 4

C.C.BUCHNER

Campus neu

Gesamtkurs Latein. Ausgabe B
Herausgegeben von Clement Utz und Andrea Kammerer

Wortschatztraining 4
Herausgegeben von Michael Lobe und Christian Zitzl
Bearbeitet von Johannes Fuchs, Elisabeth Kattler, Michael Lobe, Anne Uhl und Christian Zitzl

BAMBERGER WORTSCHATZ

1. Auflage, 1. Druck 2021
Alle Drucke dieser Auflage sind, weil unverändert, nebeneinander benutzbar.

Dieses Werk folgt der reformierten Rechtschreibung und Zeichensetzung. Ausnahmen bilden Texte, bei denen künstlerische, philologische oder lizenzrechtliche Gründe einer Änderung entgegenstehen.

Redaktion: Andrea Forster
Satz und Gestaltung: tiff.any GmbH & Co. KG, Berlin
Illustrationen: tiff.any GmbH & Co. KG, Berlin / Heimo Brandt
Umschlaggestaltung: mgo360 GmbH & Co. KG, Bamberg
Druck und Bindung: Brüder Glöckler GmbH, Wöllersdorf

www.ccbuchner.de

ISBN 978-3-661-**40234**-5

Liebe Schülerin, lieber Schüler,

der Wortschatz heißt „Wortschatz", weil es sich dabei tatsächlich um eine besondere Form des Reichtums handelt: Wer von Anfang an die lateinischen Wörter ordentlich lernt, tut sich nicht nur beim Übersetzen leicht, sondern kann sich auch eine Menge an Fremdwörtern und Begriffen aus modernen Fremdsprachen erschließen. Dieses Heft hilft dir dabei.

Der Wortschatz ist jeweils lektionsweise – bei längeren Wortschätzen in zwei Portionen aufgeteilt – geordnet und erscheint in derselben Reihenfolge wie in deinem Lateinbuch. Blau sind die Wörter gekennzeichnet, die zu den 500 häufigsten Wörtern der lateinischen Sprache gehören und deshalb besonders wichtig sind.

Zunächst kannst du mithilfe der jeweils oben auf der Seite stehenden Vokabelliste die Bedeutungen wiederholen. Danach solltest du das obere Feld mit einem Kärtchen oder einem Blatt Papier abdecken und die folgenden Übungen bearbeiten.

Die ersten Übungen einer Seite gehen von den Lernformen aus und versuchen die neu zu lernenden Vokabeln mit bereits bekannten zu vernetzen. Danach folgen Übungen, in denen die Vokabeln in flektierten Formen oder in kurzen Sätzen vorkommen. So kannst du sie von Anfang an übersetzungsnah einüben und erkennst, dass die Bedeutung stets vom Kontext abhängig ist. Zusätzlich sind Übungen enthalten, in denen du deine Vokabelkenntnisse für das Verständnis von Fremdwörtern, teils auch von fremdsprachigen Wörtern nutzen kannst.

Überprüfen kannst du deine Lösungen mit dem Lösungsheft. Wenn du darin alles markierst, was du noch nicht gekonnt hast, hast du bei der Vorbereitung für die nächste Schulaufgabe einen Anhaltspunkt, welche Vokabeln du noch einmal wiederholen solltest.

Los geht's! Werde zum erfolgreichen Schatzsucher!

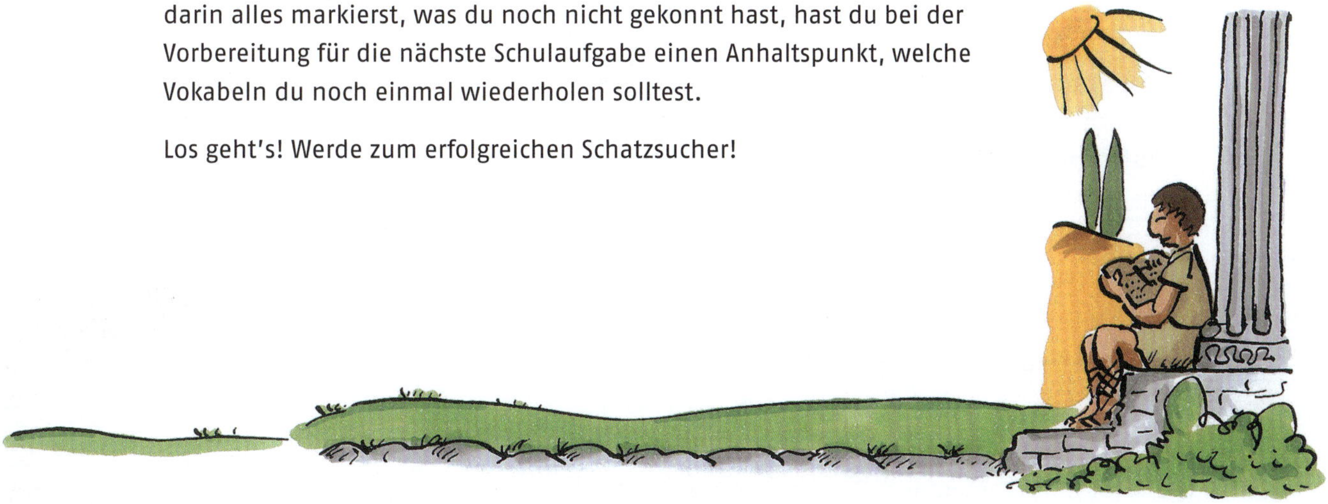

95

avunculus	der Onkel	**quisque, quaeque, quodque** *adj.*	jeder
incolumis, e	unverletzt, wohlbehalten	**praeter** *Präp. m. Akk.*	außer
permovēre, permoveō, permōvī, permōtum	beunruhigen; veranlassen	**proximus, a, um**	der nächste, der letzte
quisque, quidque *subst.*	jeder	**malum**	das Übel
ultimus, a, um	der äußerste, der entfernteste, der letzte	**fūrtum**	der Diebstahl, die Hinterlist
aequus, a, um	eben, gleich, gerecht	**pudor, pudōris** *m*	die Scham, das Schamgefühl, der Anstand
discēdere, discēdō, discessī, discessum	auseinandergehen, weggehen	**inopia**	der Mangel, die Not
optimus quisque	gerade die Besten	**quōquō modō**	auf jede erdenkliche Weise

1 **Gewusst wie!** Um in einem Wörterbuch Verben zu finden, benötigst du meist deren 1. Pers. Sg. Präs. Akt. Bilde also jeweils die 1. Pers. Sg. Präs. Akt. der folgenden Verbformen und übersetze sie dann.

a) neglexeritis ....
b) empta ....
c) poposcit ....
d) discessurus ....
e) prodam ....
f) exactus sit ....
g) afuit ....
h) permota ....

neglegēns, entis, *adv.* **enter** (neglego) sig, sorglos, gleichgültig: **in amicis eligenc rum** *T.* **2. occ.** verschwenderisch: **adulescer**
neglegentia, ae, *f.* **1.** Nachlässigkeit. **2.** V gung: **deûm** *L*, **sui** das Sichgehenlassen *T.*
neg-legō 3. **lēxī** (**neglegisset** *S*), **lēctus** (§ 67) **1.** vernachlässigen, sich nicht kümmern: **liarem** *N*, **mandata**; mit *inf.* **2.** nicht acht schätzen: **auctoritatem senatūs, bellun** **3.** übersehen, ungestraft lassen: **iniurias,** e

2 **Synonym (~).** Ordne Wörter bzw. Ausdrücke, die eine ähnliche Bedeutung haben, zu Paaren (z. B. „G7").

A miseria	B dolus	C aequus	D sine vulneribus	E ultimus	F adducere
1 incolumis	2 furtum	3 permovere	4 proximus	5 iustus	6 inopia

3 **Irrläufer.** Markiere jeweils das Wort, das nicht in die Reihe passt, und begründe deine Entscheidung.

a) ultimus – proximus – maximus – optimus – decimus – minimus
b) praeter – ceterum – propter – apud – post – contra – intra – extra
c) pudor – amor – dolor – gaudium – metus – manus

4 **Nichts wie weg?** Übersetze.

a) Nemo praeter avunculum meum Romae mansit.
b) Optimus quisque senator quoquo modo discessit.
c) Pudor neminem adduxit, ut Romae maneret.
d) Timor quemque senatorem permovit, ut discederet.
e) Metus cuiusque tantus erat, ut Romam non rediret.

Herc(u)le!	Beim Hercules!	**ubīque** *Adv.*	überall
incēdere, incēdō, incessī, incessum	heranrücken, eintreten; (jdn.) befallen	**namque**	denn, nämlich
oppūgnāre, oppūgnō	angreifen	**ratiō, ratiōnis** *f*	der Grund, die Vernunft, die Überlegung; die Art und Weise; die Berechnung
plācāre, plācō	beruhigen, versöhnen	**pingere, pingō, pīnxī, pictum**	zeichnen, malen
īgnōrāre, īgnōrō	nicht kennen, nicht wissen	**velut**	wie, wie zum Beispiel
fingere, fingō, fīnxī, fictum	gestalten, sich (etw.) ausdenken	**similis, e** *(m. Gen. / Dat.)*	ähnlich
imāgō, imāginis *f*	das Bild, das Abbild	**crās** *Adv.*	morgen

1 **Verwechslungsgefahr!** Unterscheide genau.

a) discedere .... ↔ accedere .... ↔ incedere ....

b) exstinguere .... ↔ fingere .... ↔ pingere ....

c) occupare .... ↔ oppugnare .... ↔ opprimere ....

d) parcere .... ↔ placere .... ↔ placare ....

e) ignoscere .... ↔ ignorare .... ↔ orare ....

f) vel .... ↔ velut .... ↔ ut ....

g) namque .... ↔ ubique .... ↔ undique ....

2 **Im Kontext.** Erschließe die jeweilige Bedeutung von **ratio**, **imago** und **ignorare**.

a) Pater filium nulla **ratione** reprehendit.
Namque filius non eadem **ratione** vitam agit qua pater.
Tamen filius **ratione** agit.

b) Filius, qui similis patris est, **imago** patris appellatur.
Poeta, qui fabulas fingit, **imagines** verbis pingit.

c) **Ignoro**, quem heri viseris.
At **non ignoro** te cras me visurum esse.

3 **Lateindeutsch!** Erschließe mithilfe der Bedeutung des lateinischen Ursprungsworts,

a) was es bedeutet, wenn etwas **fiktiv** ist.

b) wann man ein Vorgehen als **rational** bezeichnen kann.

c) was man meint, wenn man davon spricht, dass jemand ein bestimmtes **Image** hat.

97

loquī, loquor, locūtus sum	reden, sprechen	**coniungere, coniungō, coniūnxī, coniūnctum**	verbinden, vereinigen
experīrī, experior, expertus sum	erfahren, versuchen	**sēnsus, sēnsūs** *m*	das Gefühl, der Sinn, der Verstand
propinquus, a, um	nahe; *Subst.* der Verwandte	**querī, queror, questus sum** *(m. Akk.)*	klagen, sich beklagen (über)
sequī, sequor, secūtus sum *m. Akk.*	folgen	**patī, patior, passus sum**	(er)leiden, ertragen, zulassen

1 **Witte nicht verbechseln!** Unterscheide und gib die jeweiligen Bedeutungen an.

a) sensus – sententia **b)** patere – pati

c) quaerere – queri **d)** experiri – comperire

e) sequi – loqui **f)** propinquus – prope

2 **Wortkundig!** Erschließe die Bedeutung der folgenden Adjektive und Substantive.

a) experiri → expertus (Adj.) → experimentum (Subst.)

b) queri → querulus (Adj.) → querela (Subst.)

c) pati → patiens (Adj.) → patientia (Subst.)

d) sequi → sequax (Adj.) → sequentia (Subst.)

e) loqui → loquax (Adj.) → locutio (Subst.)

3 **Im Kontext.** Erschließe die jeweilige Bedeutung von **experiri** und **pati**.

a) Romani **experti sunt** philosophos Graecos sapientissimos fuisse.
Nonnulli Romani quoque **experti sunt**, quid in philosophia (!) efficere possent.

b) Hercules multos labores **passus est**.
Neque enim **passus est** homines bestiis saevissimis vexari.

4 **Lateindeutsch!** Erschließe mithilfe der Bedeutung des lateinischen Ursprungsworts,

a) was einen **Patienten** von einem **Querulanten** unterscheidet.

b) welche Funktion eine **Konjunktion** in einem Text erfüllt.

c) was man unter einer **Expertise** versteht.

causam agere	einen Prozess führen	**iūstitia**	die Gerechtigkeit
mōlīrī, mōlior, mōlītus sum	(an)treiben; planen, unternehmen	**cōnsequī, cōnsequor, cōnsecūtus sum** *m. Akk.*	erreichen, nachfolgen
sē dare	sich widmen, sich hingeben	**aggredī, aggredior, aggressus sum**	angreifen, herangehen
ferē *Adv.*	fast, beinahe; ungefähr	**sūmere, sūmō, sūmpsī, sūmptum**	nehmen

5 **Gegenteil (⟷) oder Synonym (~).** Ergänze zunächst die deutsche Bedeutung, dann ein neues Lernwort mit gegenteiliger oder entsprechender Bedeutung.

a) quiescere (⟷) **b)** iniuria (⟷)

c) studere (~) **d)** temptare (~)

e) sequi (~) **f)** dare (⟷)

6 **Sachfeld „Freizeit – Arbeit".** Übersetze die folgenden Ausdrücke und ordne sie den Sachfeldern **otium** und **negotium** zu.

a) causam agere **b)** cum amicis de amicitia loqui **c)** voluptatibus se dare
d) carminibus sensus delectare **e)** communi saluti consulere
f) magnas opes sibi parare **g)** libros philosophorum legere

otium	negotium

7 **Im Kontext.** Erschließe die jeweilige Bedeutung von **moliri**, **consequi** und **fere**.

a) Nonnulli homines multa simul **moliuntur**.
Sceleratus furtum **molitur**.

b) Philosophus gloriam verbis doctissimis **consecutus est**.
Multi discipuli Socratem philosophum **consecuti sunt**.

c) Nemo **fere** philosophus Socratem neglegit.
Cicero eodem **fere** tempore vixit quo Caesar.
Plinius quadraginta **fere** libros de natura scripsit.

8 **Lateindeutsch!** Erschließe mithilfe der Bedeutung des lateinischen Ursprungsworts,

a) worin sich eine **Sequenz** von einer **Konsequenz** unterscheidet.

b) welches Verhalten man als **aggressiv** bezeichnet.

c) womit sich ein **Justitiar** beschäftigt.

98

paulum *Adv.*	ein wenig	**flūmen, flūminis** *n*	der Fluss
versārī, versor, versātus sum	sich aufhalten, sich befinden, sich beschäftigen	**iūdicāre, iūdicō**	urteilen, beurteilen
colloquī, colloquor, collocūtus sum	sich unterhalten; verhandeln, besprechen	**mīrārī, mīror, mīrātus sum**	bewundern, sich wundern
anima	der Atem, das Leben, die Seele	**opīnārī, opīnor, opīnātus sum**	glauben, meinen
dēmittere, dēmittō, dēmisī, dēmissum	hinabschicken, sinken lassen	**atomus** *f*	das Atom

1 **Synonym (~).** Ergänze zunächst die deutsche Bedeutung, dann ein neues Lernwort mit entsprechender Bedeutung.

a) morari **b)** sermones habere cum **c)** fluvius

d censere **e)** arbitrari

2 **Wortfamilie!** Gib ausgehend von den folgenden neuen Lernwörtern die Bedeutung der bereits gelernten Wörter aus derselben Wortfamilie an.

a) mirari → mirus .... **b)** opinari → opinio ....

c) iudicare → iudex .... **d)** anima → animal ....

3 **Der kleine Unterschied!** Lies genau und übersetze.

a) Philosophus Graecus diu Romae **morabatur**.
Sed ibi nihil **mirabatur**.

b) Miles quidem arma non **demittit**,
sed spem **dimittit**.

c) **Paulo** ante cum **Paulo paulum** collocutus sum.

4 **Lateindeutsch!** Erschließe mithilfe der Bedeutung des lateinischen Ursprungsworts,

a) was der wesentliche Unterschied zwischen dem **Kolloquium** und der schriftlichen **Abitur**prüfung ist.

b) wodurch sich in einem Staat die **Judikative** von der **Legislative** unterscheidet.

c) wovon die philosophisch-theologische Lehre des **Animismus** überzeugt ist.

d) was man in der Politik unter der **Demission** eines Ministers versteht.

orīrī, orior, ortus sum	entstehen, sich erheben	**morī, morior, mortuus sum**	sterben
verērī, nē *m. Konj.*	fürchten, dass	**intuērī, intueor**	anschauen
hortārī, hortor, hortātus sum	auffordern, ermahnen	**spīritus, spīritūs** *m*	der Atem, die Seele
adicere, adiciō, adiēcī, adiectum	hinzufügen	**proficīscī, proficīscor, profectus sum**	(ab)reisen, aufbrechen
cōnārī, cōnor, cōnātus sum	versuchen		

5 **Gegenteil (↔) oder Synonym (~).** Ergänze zunächst die deutsche Bedeutung, dann ein neues Lernwort mit gegenteiliger oder entsprechender Bedeutung.

a) occidere (↔) **b)** vivere (↔) **c)** spectare (~) **d)** timere (~)

e) anima (~) **f)** redire (↔) **g)** experiri (~)

6 **Streichkonzert!** Streiche in jedem Satz das Verb, das nicht passt. Übersetze dann jeden Satz in den drei übrigen Varianten:

a) Gaius libenter in bibliotheca (!) (**conatur** / **sedet** / **moratur** / **versatur**).

b) Plinium avunculum (**miratur** / **moritur** / **audit** / **sequitur**).

c) Cum Plinio libros philosophorum (**colloquitur** / **intuetur** / **quaerit** / **componit**).

d) Amicus Gai (**opinatur** / **contendit** / **versatur** / **dicit**) animam immortalem non esse.

e) Gaius (**timet** / **veretur** / **metuit** / **proficiscitur**), ne dicta amici vera sint.

f) Plinius iuvenes (**hortatur** / **rogat** / **oritur** / **orat**), ut ratione agant.

7 **Lateinenglisch!** Erkläre die folgenden englischen Wörter.
Gib dabei jeweils das lateinische Ursprungswort an, das ihnen zugrunde liegt,
z. B. *to move* → movere → bewegen.

a) *opinion* **b)** *hortative* **c)** *spirit* **d)** *admire* **e)** *mortality* **f)** *adjective*

8 **Sprachgewandt!** Das Verb **oriri** hat noch mehr Bedeutungen, als du gelernt hast.
Übersetze mithilfe der folgenden Bedeutungen:

wächst – kommt auf – bricht herein – entspringt –
stammt ab – entsteht – geht auf – beginnt

a) Clamor oritur. **b)** Ventus oritur. **c)** Fons oritur in monte.
d) Sermo oritur. **e)** Sol oritur. **f)** Caesar a regibus ortus est.
g) Nox oritur. **h)** Arbor oritur.

antīquitās, antīquitātis *f*	die alte Zeit, die Menschen der alten Zeit, die alten Sagen	**horrēre, horreō** *(m. Akk.)*	zurückschaudern (vor)
fulmen, fulminis *n*	der Blitz	**dūrāre, dūrō**	(ab)härten, stählen
nūbēs, nūbis *f*	die Wolke	**firmus, a, um**	stark, kräftig
intendere, intendō, intendī	streben (nach), beabsichtigen	**īnfāns, īnfantis** *m/f*	das Baby
suprā *m. Akk.*	oberhalb, oben über	**rēctus, a, um**	gerade, recht, richtig
perpetuus, a, um	dauerhaft, ewig	**bonum**	das Gute
expōnere, expōnō, exposuī	darlegen, schildern	**os, ossis** *n*	der Knochen
vānus, a, um	grundlos, unbegründet	**integer, integra, integrum**	unversehrt, unverletzt
nātūrālis, e	natürlich, angeboren, naturgemäß		

1 **Wortfeldarbeit.** Grenze die folgenden Wörter voneinander ab, indem du ihre Bedeutung angibst.

a) Wind und Wetter: ventus – caelum – fulmen – nubes

b) Mannesalter: infans – puer – adulescens – iuvenis – vir – senex

c) strebsam: velle – cupere – appetere – intendere – studere

d) Angst und Schrecken: timere – vereri – metuere – horrere – terrere – sollicitare

e) Kraft und Mut: virtus – animus – fortis – firmus – confirmare – durare

2 **Ortskundig.** Gib jeweils an, wo der Hund sich befindet.

a) extra domum **b)** intra domum **c)** supra domum **d)** in domo
e) sub mensa **f)** pro domo **g)** ante domum **h)** post domum

3 **Immer zwei.** Übersetze die Verbindungen aus Substantiv und Adjektiv.

a) labor perpetuus **b)** amicitia perpetua **c)** bonum perpetuum
d) ratio recta **e)** via recta **f)** timor vanus **g)** animus firmus
h) pudor naturalis **i)** milites integri

4 **Lateindeutsch!**

a) Ersetze mithilfe der jeweiligen Bedeutung des lateinischen Ursprungsworts die fett gedruckten Wörter durch ein deutsches Wort.

In einem Geschäft für **Antiquitäten** sah ich beeindruckende **Exponate**. Vieles bestaunte ich, ein **Ossuarium** war für mich aber der **Horror**, da sich darin noch die Knochen eines Verstorbenen befanden.

b) Erschließe mithilfe der Bedeutung des lateinischen Ursprungsworts, was jeweils das Adjektiv bedeutet:

ein **fulminanter** Auftritt;
ein **infantiles** Verhalten;
ein **intendiertes** Ziel.

opera	die Arbeit, die Mühe	**intervallum**	der Zwischenraum, die Entfernung
imitārī, imitor, imitātus sum	nachahmen	**pār, paris**	gleich, ebenbürtig
persequī, persequor, persecūtus sum	verfolgen; erstreben	**prīvātus, a, um**	persönlich, privat; *Subst.* die Privatperson
nāscī, nāscor, nātus sum	entstehen, geboren werden	**praecipere, praecipiō, praecēpī, praeceptum**	(be)lehren, vorschreiben
contentus, a, um	zufrieden		

1 **Verwechslungsgefahr!** Unterscheide genau.

a) opera .... ⟷ opus ....

⟷ ops ....

b) consequi .... ⟷ persequi ....

⟷ sequi ....

c) intentus .... ⟷ contentus ....

⟷ retentus ....

d) praeesse .... ⟷ praestare ....

⟷ praecipere ....

2 **Im Kontext.** Erschließe die jeweilige Bedeutung von **opera**, **nasci**, **praecipere** und **par**.

a) Poeta versibus magnam **operam** dat.
Sic magna **opera** confecit.

b) Socrates philosophus Athenis (in Athen) **natus est**.
Nullum opus grande sine magna opera **nascitur**.

c) Socrates adulescentes multa de moribus **praecepit**.
Philosophia (!) **praecipit**, ut rationem persequaris.

d) Nemo Socrati aequo animo **par** erat.
Epicurus dixit intervallum inter atomos cadentes **par** non esse.

3 **Lateindeutsch!** Erschließe mithilfe der Bedeutung des lateinischen Ursprungsworts,

a) was man im Sport unter **Intervall**-Training versteht.

b) was jemand meint, der sagt, dass er ein **privates** Problem hat.

c) was es bedeutet, wenn sich ein Firmeninhaber aus dem **operativen** Geschäft zurückzieht.

d) was jemand macht, der einen anderen **imitiert**.

e) was es bedeutet, wenn zwischen Männern und Frauen **Parität** besteht.

Fortsetzung →

ūtī, ūtor, ūsus sum *m. Abl.*	benutzen, gebrauchen	**exemplum**	das Beispiel, das Vorbild
ultrō *Adv.*	freiwillig, noch dazu	**voluptātem capere ē / ex** *m. Abl.*	Freude haben an
pūblicus, a, um	öffentlich, staatlich	**ūllus, a, um** *(Gen.* **ūllīus**, *Dat.* **ūllī***)*	irgendeiner
plērīque, plēraeque, plēraque	die meisten, sehr viele	**prōgredī, prōgredior, prōgressus sum**	vorrücken, weitergehen

4 **Gegenteil (↔) oder Synonym (~).** Ergänze zunächst die deutsche Bedeutung, dann ein neues Lernwort mit gegenteiliger oder entsprechender Bedeutung.

a) privatus .... ↔ .... **b)** mori .... ↔ ....

c) invitus .... ↔ .... **d)** redire .... ↔ ....

e) nullus .... ↔ .... **f)** publicus .... ↔ ....

g) labor .... ~ .... **h)** gaudere .... ~ ....

i) plurimi .... ~ .... **j)** docere .... ~ ....

k) appetere .... ~ .... **l)** procedere .... ~ ....

m) aequus .... ~ .... **n)** aliqui .... ~ ....

5 **Gebrauchsanweisung**

Übersetze jeweils treffend.

Utor
a) armis.
b) aliquo teste.
c) aliquo amico.
d) auxilio amicorum.
e) oratione.
f) exemplo tuo.
g) consilio amici.
h) consule familiariter.

6 **Lateindeutsch!** Erschließe mithilfe der Bedeutung des lateinischen Ursprungsworts,

a) was man unter einem **exemplarischen** Verhalten versteht.

b) welches Vorgehen man als **progressiv** bezeichnet.

c) was das neudeutsche Wort **User** eigentlich bedeutet.

d) was eine Wissenschaftlerin macht, wenn sie ein Buch **publiziert**.

manifestus, a, um	offenkundig; überführt	**vidērī, videor, vīsus sum**	scheinen, gelten (als)
quantus, a, um	wie groß, wie viel	**īnstruere, īnstruō, īnstrūxī, īnstrūctum**	aufstellen, ausrüsten; unterrichten
ingredī, ingredior, ingressus sum	betreten; beginnen	**cōnfitērī, cōnfiteor, cōnfessus sum**	(ein)gestehen
ambitiō, ambitiōnis *f*	der Ehrgeiz	**cōnsuēscere, cōnsuēscō, cōnsuēvī, cōnsuētum** *m. Inf.*	sich daran gewöhnen
scīlicet *Adv.*	freilich, natürlich		

1 **No confusion!** Gib zu jeder Verbform den Infinitiv Präsens Aktiv und die Bedeutungen des Verbs an.

a) coniunxi **b)** conieci **c)** consuevi **d)** contuli

e) condidi **f)** confessus sum

g) consului **h)** constitui

i) constiti **j)** consecutus sum

2 **Absolut in!** Übersetze die folgenden Wendungen treffend.

a) Senator **in** urbem **in**greditur.
Senator curiam **in**gressus est.
Senator dicere **in**greditur.

b) Imperator copias **in**struit.
Imperator naves militibus **in**struxit.
Magistratus ab imperatore **in** iure civili (!) **in**structi sunt.

3 **Ambitioniert:** Unterscheide und übersetze.

a) Quanta **ambitio** tua est?

b) Manifestum est **ambitionem** tuam maximam esse.

c) **Ambitio** tua maxima videtur.

d) Quam magna **ambitio** tua est!

e) Nemo tanta **ambitione** est quanta tu.

4 **Lateindeutsch!** Erschließe mithilfe der Bedeutung des lateinischen Ursprungsworts, was es bedeutet, wenn

a) eine Vorgesetzte einem Mitarbeiter **Instruktionen** erteilt.

b) man einen Politiker als **ambitioniert** bezeichnet.

c) sich ein Verdacht **manifestiert**.

d) jemand sagt, dass es nicht auf die **Quantität**, sondern auf die **Qualität** ankommt.

Fortsetzung →

remittere, remittō, remīsī, remissum	zurückschicken; nachlassen, vermindern	**īdem ac / atque**	derselbe wie
status, statūs *m*	der Stand, die Lage; *Pl.* die Umstände	**cor, cordis** *n*	das Herz
āctiō, āctiōnis *f*	die Tätigkeit; die Gerichtsverhandlung; die Rede	**agitāre, agitō**	betreiben; überlegen
onus, oneris *n*	die Last	**adoptāre, adoptō**	adoptieren
suscipere, suscipiō, suscēpī, susceptum	auf sich nehmen, sich (einer Sache) annehmen, unternehmen		

5 **Verwechslungsgefahr!** Unterscheide genau.

a) ridere .... ↔ videre .... ↔ videri ....

b) sonus .... ↔ onus .... ↔ opus ....

c) placet .... ↔ licet .... ↔ scilicet ....

d) instruere .... ↔ instare .... ↔ intrare ....

e) ac / atque .... ↔ idem ac / atque .... ↔ alius ac / atque ....

f) agere .... ↔ agitare .... ↔ cogitare ....

6 **Wortkundig.** Wiederhole bzw. erschließe jeweils ausgehend von der in der Klammer angegebenen Bedeutung des farbig gedruckten Verbum simplex die Bedeutung der Komposita.

a) **mittere** (schicken / lassen): admittere – amittere – permittere – promittere – remittere

b) **fateri** (bekennen): confiteri

c) **capere** (fassen / nehmen): accipere – incipere – suscipere – recipere

d) **gradi** (schreiten / gehen): aggredi – ingredi – regredi – progredi

7 **Zukunftspläne.** Übersetze.

a) Gaium adoptavi.

b) Manifestum est statum eius mihi cordi esse.

c) At multum mecum agito, quid ei melius sit.

d) Nihil autem melius esse videtur quam puerum negotiis consuescere.

e) Quae actio autem eum delectabit?

f) Capietne voluptatem ex actionibus agendis an potius orationes habebit?

potentia	die Macht	**subicere, subiciō, subiēcī, subiectum**	darunterlegen; unterwerfen
īnstituere, īnstituō, īnstituī, īnstitūtum	beginnen, einrichten, unterrichten	**rēs familiāris** *f*	das (Privat-)Vermögen, der Besitz
prōspicere, prōspiciō, prōspexī, prōspectum	achtgeben, dafür sorgen, (vorher)sehen	**ēripere, ēripiō, ēripuī, ēreptum**	entreißen
pater familiās	der Hausherr, das Familienoberhaupt	**ēicere, ēiciō, ēiēcī, ēiectum**	hinauswerfen, vertreiben
iniūstus, a, um	ungerecht	**reliquus, a, um**	übrig, künftig
ōrdō, ōrdinis *m*	die Ordnung, die Reihe, der Stand	**plūris esse**	teurer sein
nōbilitās, nōbilitātis *f*	der Adel, die vornehme Abstammung	**neque vērō**	aber nicht
aetās, aetātis *f*	das Lebensalter, die Zeit, das Zeitalter	**prūdentia**	die Klugheit, die Kenntnis, die Vorsicht
-ve	oder		

1 **Synonym (~).** Ergänze zunächst die deutsche Bedeutung, dann ein neues Lernwort mit entsprechender Bedeutung.

a) instruere **b)** tempus **c)** potestas **d)** sapientia (!)

e) providere **f)** expellere **g)** rapere **h)** ceteri

2 **Wortfeldarbeit.** Grenze die folgenden Wörter voneinander ab, indem du ihre Bedeutung angibst.

a) Alles, was recht ist: iustitia – ius – iustus – iniustus – iudicare – iudex

b) Familienbande: familiaris – familia – pater familias – res familiaris

c) Anhänglich: -que – -ne – -ve

3 **Wortkundig.** Wiederhole bzw. erschließe jeweils ausgehend von der in der Klammer angegebenen Bedeutung des farbig gedruckten Verbum simplex die Bedeutung der Komposita.

a) **statuere** (aufstellen): constituere – restituere – instituere

b) **spicere** (schauen): respicere – aspicere – conspicere – despicere – prospicere – perspicere

c) **iacere** (werfen): conicere – eicere – subicere – adicere – reicere

4 **Alles ist relativ.** Übersetze.

a) Argentum pluris est quam ferrum;
neque vero pluris est quam aurum.

b) Omnis senator pars ordinis senatorum erat;
neque vero quisque senator pars nobilitatis Romae erat.

103

admittere, admittō, admīsī, admissum	hinzuziehen, zulassen	**licentia**	die Freiheit, die Willkür
interest *(m. Gen.)*	es ist wichtig (für jdn.)	**accendere, accendō, accendī, accēnsum**	anfeuern, anzünden
nimis / nimium *Adv.*	(all)zu, (all)zu sehr	**nimius, a, um**	übermäßig, zu groß
interesse, intersum, interfuī *(m. Dat.)*	dazwischen sein; teilnehmen (an)	**ārdēre, ārdeō, ārsī, ārsūrum**	brennen
iūdicium	das Gericht, das Urteil	**quisquis, quidquid (quicquid)** *subst.*	jeder, der; wer auch immer
pūnīre, pūniō	bestrafen	**quippe** *Adv.*	freilich, zumal
tametsī *Subj.*	obwohl, wenn auch	**parum** *Adv.*	(zu) wenig
quīcumque, quaecumque, quodcumque	jeder, der; wer auch immer	**quārē**	weshalb, wodurch; *relativer Satzanschluss:* deshalb

1 **Wortfeldarbeit.** Grenze die folgenden Wörter voneinander ab, indem du ihre Bedeutung angibst.

a) Feuer und Flamme: ignis – accendere – ardere

b) recht und billig: iudex – iudicare – iudicium – iustitia – iustus – iniustus – aequus

c) Schuld und Strafe: errare – peccare – poena – poena afficere – punire – supplicium – damnare

d) Alles, was erlaubt ist: licet – licentia – concedere – permittere – admittere

2 **Verwechslungsgefahr!** Unterscheide genau.

a) quisquis .... ↔ quisque .... ↔ quippe ....

b) accendere .... ↔ accedere .... ↔ accidere ....

c) interficere .... ↔ interesse .... ↔ interest *(m. Gen.)* ....

d) par .... ↔ parum .... ↔ paulum ....

3 **Im Kontext.** Erschließe die jeweilige Bedeutung von **admittere** und **quare**.

a) Vir: „Amicos nobiles **admitto** ad consilium.
At nobilitas mea non **admittit**,
ut ludis gladiator intersim."

b) Iudex: „Hoc fecisti.
Quare puniri debes.
Sed dic mihi: **Quare** hoc fecisti?"

4 **Typisch römisch!?** Übersetze.

Quicumque leges nimis neglegit,
puniendus est, tametsi nobilis est.

quaesere, quaesō	bitten	**repente** *Adv.*	plötzlich, unerwartet
rārus, a, um	selten, vereinzelt	**adventus, adventūs** *m*	die Ankunft
hiems, hiemis *f*	der Winter; das Unwetter	**duplex, duplicis**	doppelt
vehere, vehō, vēxī, vectum	fahren, tragen, ziehen	**flūctus, flūctūs** *m*	die Flut, die Strömung
aequor, aequoris *n*	die Ebene, die Fläche, das Meer	**rīpa**	das Ufer
vehī, vehor, vectus sum	sich fortbewegen, fahren	**culpa**	die Schuld
prius *Adv.*	früher, zuerst	**avāritia**	der Geiz, die Habsucht
suspīciō, suspīciōnis *f*	der Verdacht, die Vermutung	**minus** *Adv.*	weniger

1 **Sachfeld „Wasser – Meer – Seefahrt"**
Gib alle ins Bild eingetragenen Begriffe lateinisch wieder.

2 **Gegenteil (⟷) oder Synonym (~)**
Ergänze zunächst die deutsche Bedeutung, dann ein neues Lernwort mit gegenteiliger oder entsprechender Bedeutung.

(⟷) **a)** plus **b)** aestas

(~) **c)** antea **d)** subito **e)** rogare

3 **Witte nicht verbechseln!** Das Lexikon bietet dir folgende Stichwörter (sog. Lemmata): I. **quaero** II. **quaeso** III. **queror**. Ordne die farbig gedruckten Formen dem richtigen Stichwort (Lemma) zu und übersetze.

a) Ne **questi sitis**! **b)** Oro **quaeso**que te, ne **queraris**. **c)** Ne **quaesiveritis**!
d) Quare **querеris**? **e)** **Quaere**, **quaeso**, magistrum!
f) Sunt verba, quae flecti (konjugieren) non possunt, velut „inquam", „**quaeso**", „aio".

4 **Chauffeur oder Passagier?** Bei aktiven Formen von **vehere** bewegst du **etwas / jemanden** fort, d. h. bist du Chauffeur. Bei den passiven (bzw. medialen) Formen von **vehi** hingegen bewegst du **dich** fort, bist du Passagier. Unterscheide genau und übersetze.

a) Homines nave **vehis**. **b)** Nave **veheris**. **c)** Quin carro **vectus es**?
d) Nemo carrum **vexit**. **e)** Legati celerius equis **vecti sunt**. **f)** Itaque nemo carro **vectus est**.

5 **Einsatzfreudig.** Ergänze ein Wort aus dem Lernwortschatz so, dass ein sinnvoller Satz entsteht.

a) Quicumque pecuniae cupidus est, magna [?] est.

b) Quicumque desideratus in patriam redit, eius [?] exspectatur.

c) Quicumque rem suspicatur, eum [?] movet.

d) Quicumque duo duobus addit, numerum [?] habet.

amplus, a, um	bedeutend, groß, weit	**alter, altera, alterum** *(Gen.* **alterīus**, *Dat.* **alterī***)*	der eine *(von zweien)*; der andere *(von zweien)*
fierī, fīō, factus sum	gemacht werden; geschehen, werden, entstehen	**an** *(im indir. Fragesatz)*	ob nicht *(nach Ausdrücken des Nichtwissens und Zweifelns)*
sūmptus, sūmptūs *m*	der Aufwand, die Kosten	**ob** *Präp. m. Akk.*	wegen; für; gegen(über)
modo *Adv.*	eben (noch); nur	**īnfēstus, a, um**	feindlich, feindselig
īgnārus, a, um *(m. Gen.)*	ohne Kenntnis, unwissend	**repetere, repetō, repetīvī, repetītum**	(zurück)verlangen, wiederholen
collum	der Hals	**uterque, utraque, utrumque** *(Gen.* **utrīusque**, *Dat.* **utrīque***)*	beide, jeder *(von zweien)*
medicus	der Arzt		
īrāscī, īrāscor *(m. Dat.)*	in Zorn geraten, zornig sein (gegen / über)	**sinister, sinistra, sinistrum**	links; trügerisch, hinterhältig
		impetrāre, impetrō	erreichen, durchsetzen

1 **uterque – alter ... alter:** Übersetze und erkläre den Unterschied.

a) Marcus et Lucius fratres sunt. **b)** Sed **uterque** alia aetate natus est.

c) **Alter** eorum enim natus est ante Christum natum, **alter** post Christum natum.

2 **An-strengend?** Analysiere jeweils die Verwendung von **an** und übersetze.

a) A: „Utrum villa mea amplior est **an** tua? Quare taces? Respondesne tandem **an** non? Scire velim, utrum villa tua amplior sit **an** mea.“
B: „Nescio, **an** villa tua amplior sit.“

b) A: „Utrum manus dextra **an** manus sinistra collum cum capite coniungit?“
B: „**An** stultissimus es?“

3 **Einsatzfreudig.** Ergänze ein Wort aus dem Lernwortschatz so, dass ein sinnvoller Satz entsteht.

a) Quicumque nihil cognovit, [?] est. **b)** Quicumque ira affectus est, [?].

c) Quicumque contra me agit, mihi [?] est. **d)** Quicumque ludos facit, magnos [?] habet.

e) Quicumque id, quod modo voluit, consecutus est, voluntatem suam [?].

4 **Fit mit fieri!** Übersetze die folgenden Sprüche.

a) Nihil sine causa fit. **b)** Ex nihilo nihil fit. **c)** Quod tibi fieri non vis, alteri ne feceris! **d)** Dixitque Deus: „Fiat lux!“ Et facta est lux. **e)** Factum infectum (ungeschehen) fieri non potest. **f)** Qui fit, ut plerique vitiorum suorum ignari sunt? **g)** Fieri non potest, ut hoc fiat.

5 **Lateindeutsch!** Ersetze mithilfe der jeweiligen Bedeutung des lateinischen Ursprungsworts die fett gedruckten Wörter durch ein deutsches Wort.

Ob seiner Prüfungsangst **repetierte** ein **Mediziner** alles Wichtige immer wieder.

prōpōnere, prōpōnō, prōposuī, prōpositum	darlegen, in Aussicht stellen	**mandāre, mandō**	einen Auftrag geben, übergeben
Iūdaeus, a, um	jüdisch; *Subst.* der Jude	**eō** *Adv.*	dorthin; deswegen
disciplīna	die Lehre, die Ordnung, die Sitte	**prōdūcere, prōdūcō, prōdūxī, prōductum**	(vor)führen, hervorbringen
dīvidere, dīvidō, dīvīsī, dīvīsum	teilen, trennen	**frūstrā** *Adv.*	vergeblich
inimīcus, a, um	feindlich; *Subst.* der Feind		

1 **Wortschatz-Pro-fi.** Gib zu jedem PPP den Infinitiv Präsens und dessen Bedeutungen an.

a) productum .... **b)** prospectum ....

c) progressum .... **d)** profectum ....

e) processum .... **f)** proditum ....

g) propositum .... **h)** promissum ....

i) provisum ....

2 **Im Kontext.** Erschließe die jeweilige Bedeutung von **proponere**, **producere** und **eo**.

a) Imperator Iudaeis poenam **proponit**.
Itaque Iudaei **proponunt** imperatorem sibi inimicum esse.

b) Superbia scelera **producit**.
Scelerati ad supplicium **producuntur**.

c) **Eo** ad agros. Agri frumentum **producunt**.
Eo frumento vendendo dives factus sum.
At divitior fieri volo. **Eo** plures agros parabo.

3 **Lateindeutsch!** Erschließe mithilfe der Bedeutung des lateinischen Ursprungsworts,

a) wie sich ein Mensch fühlt, wenn er **frustriert** ist.
b) was der Unterschied zwischen einem **Mandanten** und einem **Mandat** ist.
c) welches Verhalten man als un**diszipliniert** bezeichnen kann.
d) worin der Unterschied zwischen **Dividieren**, **Addieren**, **Subtrahieren** und **Multiplizieren** besteht.

Fortsetzung →

tendere, tendō, tetendī, tentum	(aus)strecken, spannen, sich anstrengen	**īnsequī, īnsequor, īnsecūtus sum** *(m. Akk.)*	unmittelbar folgen, verfolgen
tumultus, tumultūs *m*	der Aufstand, die Unruhe	**sīve / seu**	oder, oder wenn
hinc *Adv.*	von hier, hierauf	**continēre, contineō, continuī**	festhalten, enthalten
excipere, excipiō, excēpī, exceptum	aufnehmen, eine Ausnahme machen	**crux, crucis** *f*	das Kreuz
requīrere, requīrō, requīsīvī, requīsītum	aufsuchen, sich erkundigen, verlangen		

4 **Witte nicht verbechseln!** Unterscheide genau.

a) vendere .... ↔ tendere .... ↔ contendere ....

b) persequi .... ↔ insequi .... ↔ consequi ....

c) si .... ↔ sine .... ↔ sive / seu ....

d) lux .... ↔ dux .... ↔ crux ....

5 **Pärchenbildung!** Ordne die passenden Paare zu.

1 **requirere**	B (aus)strecken, spannen, sich anstrengen	4 **repetere**	I berühren, gelingen	8 **continere**	9 **tendere**
E behalten, festhalten, zurückhalten	3 **retinere**	C sich anstrengen, kämpfen; eilen; behaupten	D aufsuchen, sich erkundigen, verlangen	7 **contendere**	G ausnehmen, eine Ausnahme machen
A festhalten, enthalten	2 **dividere**	6 **excipere**	H (zurück)-verlangen, wiederholen	F teilen, trennen	5 **contingere**

6 **Woher? – Wo? – Wohin?** Übersetze die folgenden Orts- und Richtungsangaben und ordne sie richtig zu.

hic – illuc – hinc – quo – istic – eo – huc – illic → Woher? | Wo? | Wohin?

7 **Lateindeutsch!** Erschließe mithilfe der Bedeutung des lateinischen Ursprungsworts,

a) was man unter einem **Tumult** versteht.

b) wann man ein Verhalten als **exzeptionell** bezeichnen kann.

107

mercēs, mercēdis *f*	der Lohn	**saevīre, saeviō**	wüten, rasen
neque tamen	freilich nicht, jedoch nicht	**ēlegāns, ēlegantis**	elegant, erlesen, geschmackvoll
nātus / nāta	der Sohn / die Tochter	**locuplēs, locuplētis**	reich, wohlhabend
nūptiae, nūptiārum *f Pl.*	die Hochzeit	**oleum**	das Öl, das Olivenöl
sānē *Adv.*	allerdings, gewiss; meinetwegen	**supplex, supplicis**	demütig bittend
quīdam, quaedam, quoddam *adj.*	ein gewisser, (irgend)ein; *Pl.* einige	**cōram** *Adv.* *Präp. m. Abl.*	vor aller Augen, persönlich, öffentlich in Gegenwart von
quīdam, quaedam, quiddam *subst.*	ein gewisser, (irgend)einer; *Pl.* einige	**foedus, foederis** *n*	das Bündnis, der Vertrag
vulgus, vulgī *n*	die Leute (aus dem Volk), die große Masse, der Pöbel	**vērum** *Adv.*	aber, sondern
nūdus, a, um	nackt		

1 **Verwechslungsgefahr!** Unterscheide genau.

a) ver ↔ verus, a, um ↔ verum ↔ vero

b) quisnam ↔ quidnam ↔ quidam ↔ quidem

c) neque ↔ neque vero ↔ neque tamen ↔ neque ... neque ↔ ne ... quidem

2 **Synonym (~).** Ergänze zunächst die deutsche Bedeutung, dann ein neues Lernwort mit entsprechender Bedeutung.

a) quidem **b)** filia **c)** dives **d)** filius

3 **Wortfamilie!** Gib ausgehend von den folgenden neuen Lernwörtern die Bedeutung der bereits gelernten Wörter aus derselben Wortfamilie an.

a) nuptiae → nubere .... **b)** saevire → saevus ....

c) supplex → supplicium .... **d)** natus → nasci ....

4 **Im Kontext.** Erschließe die jeweilige Bedeutung von **coram**.

a) Milites **coram** duce mercedem accipiunt.

b) Socii foedus **coram** cum Romanis factum rumpunt.

5 **Lateindeutsch!** Erschließe mithilfe der Bedeutung des lateinischen Ursprungsworts,

a) was **Nudisten** vom **Rest** der Bevölkerung unterscheidet.

b) worin der Unterschied zwischen **vulgärer** und **eleganter** Ausdrucksweise besteht.

c) welches **Öl** man ursprünglich mit Ölpressen hergestellt hat.

āter, ātra, ātrum	schwarz, düster	**cinis, cineris** *m*	die Asche
ūrere, ūrō	(ver)brennen, ausdörren, austrocknen	**angustus, a, um**	eng, schwierig
propius *Adv.*	näher	**crūdēlitās, crūdēlitātis** *f*	die Grausamkeit
flamma	die Flamme, das Feuer	**caedēs, caedis** *f* *(Gen. Pl.* **-ium***)*	der Mord, das Blutbad
cingere, cingō, cinxī, cinctum	umgeben, umzingeln	**lacerāre, lacerō**	zerreißen, zerfetzen
incendium	der Brand, das Feuer	**innocēns, innocentis**	unschuldig
quōcumque *Adv.*	wohin auch immer	**parvī dūcere**	geringschätzen, geringachten
dīrus, a, um	schrecklich, grauenvoll	**Chrīstiānus, a, um**	christlich; *Subst.* der Christ
lignum	das Holz		

1 **Wortfeldarbeit.** Grenze die folgenden Wörter voneinander ab, indem du ihre Bedeutung angibst.

a) Feuer und Flamme: ignis – incendium – urere – accendere – ardere – cinis – flamma

b) Mord und Totschlag: nex – caedere – occidere – caedes – interficere – exstinguere

c) Angst und Schrecken: timor – terrere – dirus – immanis – terror – saevus – metus – crudelis

2 **Antonym (↔).** Ergänze zunächst die deutsche Bedeutung, dann ein neues Lernwort mit gegensätzlicher Bedeutung.

a) clarus **b)** clementia **c)** diligere **d)** latus

3 **Wortfamilie!** Gib ausgehend von den folgenden neuen Lernwörtern die Bedeutung der bereits gelernten Wörter aus derselben Wortfamilie an.

a) propius → prope ....

b) quocumque → quo ....

c) crudelitas → crudelis ....

d) caedes → caedere ....

4 **Nur ein Satz!** Übersetze.

Leo Christianos innocentes magna crudelitate lacerat.

5 **Sprachverständnis.** Übersetze und erkläre den Clou des lateinischen Satzes.

Est ignis in lignis.

prōferre, prōferō, prōtulī, prōlātum	(hervor)holen, zur Sprache bringen	**libet, libuit**	es gefällt; es beliebt
paulō ante *Adv.*	kurz vorher	**simul** *Subj. m. Ind.*	sobald
patrēs cōnscrīptī *m Pl.*	die Senatoren	**canere, canō, cecinī**	singen, (ver)künden
ōtiōsus, a, um	müßig, untätig, unbeschäftigt	**antecēdere, antecēdō, antecessī** *m. Akk.*	jdn. übertreffen, überlegen sein
hospes, hospitis *m*	der Fremde, der Gast, der Gastgeber	**quīre, queō, quīvī (quiī)**	können
invītāre, invītō	einladen	**dīmicāre, dīmicō**	kämpfen
domī	zu Hause, daheim *(wo?)*	**vāstus, a, um**	riesig; öde, verwüstet
lūdere, lūdō, lūsī	spielen	**rapidus, a, um**	reißend, wild

1 **Verwechslungsgefahr!** Unterscheide genau.

a) hospes .... ↔ hostis .... ↔ hostia ....

b) capere .... ↔ carere .... ↔ canere ....

c) scire .... ↔ quire .... ↔ quare ....

d) invitus .... ↔ invitare .... ↔ vitare ....

e) varius .... ↔ vanus .... ↔ vastus ....

f) placet .... ↔ licet .... ↔ libet ....

g) similis .... ↔ simul .... ↔ procul ....

2 **Wortfamilie!** Gib ausgehend von den folgenden neuen Lernwörtern die Bedeutung der bereits gelernten Wörter aus derselben Wortfamilie an.

a) otiosus → otium .... b) ludere → ludus ....

c) rapidus → rapere .... d) domi → domus ....

3 **Wortkundig.** Wiederhole bzw. erschließe jeweils ausgehend von der in der Klammer angegebenen Bedeutung des farbig gedruckten Verbum simplex die Bedeutung der Komposita.

a) **ferre** (tragen / bringen): conferre – inferre – referre – afferre – proferre – auferre – deferre

b) **cedere** (gehen): procedere – discedere – accedere – antecedere – incedere – concedere

c) **iacere** (werfen): conicere – eicere – subicere – adicere – reicere

4 **Gesinnungswandel!** Übersetze.

Germani paulo ante, patres conscripti, hospites erant. Nunc hostes sunt et nobiscum dimicant.

sīcut *Adv.*	(so) wie	**commodus, a, um**	günstig, angenehm, angemessen
penitus *Adv.*	gänzlich, völlig	**cōnsuētūdō, cōnsuētūdinis** *f*	die Gewohnheit
cōnsūmere, cōnsūmō, cōnsūmpsī, cōnsūmptum	verbrauchen, verwenden	**vel ... vel**	entweder ... oder
libīdō, libīdinis *f (m. Gen.)*	das Verlangen (nach), die Lust, die Willkür	**scrīptum**	das Buch, die Abhandlung
līberālis, e	vornehm, edel, freigebig	**gravis, e**	schwer; bedeutend, angesehen
concupīscere, concupīscō, concupīvī	begehren, verlangen	**lepidus, a, um**	niedlich, nett, geistreich
vīctus, vīctūs *m*	die Lebensweise, die Lebensart		

1 **Doppeltes Lottchen.** Gib jeweils die Bedeutung an.

a) et .... → et ... et .... **b)** aut .... → aut ... aut ....

c) neque .... → neque ... neque .... **d)** vel .... → vel ... vel ....

e) modo .... → modo ... modo .... **f)** iterum .... → iterum atque iterum ....

2 **Synonym (~).** Ergänze zunächst die deutsche Bedeutung, dann ein neues Lernwort mit entsprechender Bedeutung.

a) nobilis **b)** omnino **c)** appetere **d)** modus vivendi **e)** liber **f)** amplus

3 **Wortfamilie!** Gib ausgehend von den folgenden neuen Lernwörtern die Bedeutung der bereits gelernten Wörter aus derselben Wortfamilie an.

a) concupiscere → cupere .... → cupiditas .... → cupidus, a, um ....

b) liberalis → liberare .... → libertas .... → liber, a, um ....

c) victus → vivere .... → vivus, a, um ....

d) consumere → sumere .... → sumptus ....

e) consuetudo → consuescere .... **f)** libido → libet ....

g) sicut → velut .... **h)** commodus, a, um → commodum ....

4 **Dreisatz!** Übersetze.

Victus Marci, viri liberalis et lepidi, commodus est. Nam nullam rem concupiscens a libidine penitus liber est. Itaque hic vir gravis sicut deus vitam beatam agit.

111

sē praebēre	sich zeigen, sich erweisen als	**probus, a, um**	anständig, gut
cōpiōsus, a, um	reich, wohlhabend	**amplitūdō, amplitūdinis** *f*	der (große) Umfang; die Großartigkeit, die Erhabenheit
singulāris, e	einzeln; ausgezeichnet, vorzüglich	**repentīnus, a, um**	plötzlich, unvermutet
opus est *m. Abl.*	es ist nötig, man braucht (etw.)	**lūmen, lūminis** *n*	das Licht; das Auge
strēnuus, a, um	kräftig, tätig	**aciēs, aciēī** *f*	die Schlachtordnung; die Schärfe
incendere, incendō, incendī, incēnsum	entflammen, in Brand stecken	**circumvenīre, circumveniō, circumvēnī, circumventum**	umringen, umzingeln
indūcere, indūcō, indūxī, inductum	(hin)einführen, verleiten	**dēdere, dēdō, dēdidī, dēditum**	ausliefern, übergeben
forās *Adv.*	heraus, hinaus *(wohin?)*	**praedicāre, praedicō**	behaupten

1 **Synonym (~).** Ergänze zunächst die deutsche Bedeutung, dann ein neues Lernwort mit entsprechender Bedeutung.

a) locuples **b)** praeclarus **c)** affirmare

d) se ostendere **e)** bonus **f)** accendere

g) oculus **h)** tradere **i)** circumdare

j) magnitudo

2 **Sprachgewandt!**

a) Notiere zunächst die gelernten Bedeutungen von **opus**, **opera**, **ops** und **opus est**.

b) Kreuze danach in der Tabelle an, welche Vokabel in den Sätzen verwendet wurde, und übersetze die farbig markierten Ausdrücke passend zum Zusammenhang.

	opus	opera	ops	opus est
1 Certe opera Ciceronis cognovisti.				
2 Magna opera servi murum augent.				
3 Multi opes Croesi regis mirabantur.				
4 Quis pauperibus opem fert?				
5 Qua re pauperibus opus est?				
6 Iudex plurimam operam in legibus ponit.				
7 Quondam Carthago urbs opibus valuit.				

3 **Nur ein Satz.** Übersetze.

Imperator subito milites strenuos e porta foras mittens aciem hostium ad fugam repentinam induxit.

distribuere, distribuō, distribuī, distribūtum	verteilen	**parātus, a, um**	bereit, entschlossen
tot ... quot	so viele ... wie (viele)	**tūtēla**	der Schutz
ūnusquisque *(Gen.* **ūnīuscuiusque***)*	jeder einzelne	**rēfert** *(m. Gen)*	es ist wichtig (für jdn.)
quō ... eō *(m. Komparativ)*	je ... desto	**recūsāre, recusō**	sich weigern
quō *m. Komparativ und Konj.*	damit umso	**tālis ... quālis**	so (beschaffen) ... wie (beschaffen)
fidēlis, e	treu, ergeben	**quālis, e**	wie beschaffen, was für ein(e)
totiēns ... quotiēns	so oft ... wie (oft)	**adversus, a, um**	entgegengesetzt, feindlich

1 **Synonym gesucht!** Übersetze das jeweilige Wort und ersetze es durch ein Wort mit ähnlicher Bedeutung aus dem neuen Lernwortschatz.

a) singulus .... ~ .... **b)** negare .... ~ ....

c) infestus .... ~ .... **d)** interest .... ~ ....

e) tribuere .... ~ ....

2 **Wortfamilie!** Gib ausgehend von den folgenden neuen Lernwörtern die Bedeutung der bereits gelernten Wörter aus derselben Wortfamilie an.

a) fidelis → fides .... **b)** tutela → tutus ....

c) adversus → adversarius .... **d)** paratus → parare ....

3 **Im Kontext.** Erschließe die jeweilige Bedeutung von **quo**.

a) Miles: „**Quo** nos ducis, imperator?

b) **Quo** praemio nos adducis, **quo** fortiores pugnemus?“

c) Imperator: „Praemium vobis dabo, **quo** maius cogitari non potest: gloria.

d) **Quo** fortiores pugnabitis, eo maior gloria vestra erit.“

4 **Unvergleichlich.** Übersetze und ergänze jeden Satz mit der passenden Person.

Socrates Hannibal Pythia Croesus Hercules Cicero

a) Nemo Romanis tales clades intulit quales [?]. **b)** Nemo tot monstra vicit quot [?].

c) Nemo tam sapiens erat quam [?]. **d)** Nemo responsa sapientiora dedit quam [?].

e) Nemo tantas divitias habuit quam [?]. **f)** Nemo totiens causas egit quotiens [?].

fac!	tu!, mach!, handle!	**sunt, quī** *m. Konj.*	es gibt Leute, die ...
cōnsuēvisse, cōnsuēvī *Perf.*	gewohnt sein	**ūniversus, a, um**	gesamt; *Pl.* alle zusammen
nō(vi)sse, nōvī *Perf.*	kennen, wissen	**sīve ... sīve**	sei es (dass) ... sei es (dass)
ōdisse, ōdī *Perf.*	hassen	**simulācrum**	das Bild, der Schatten *(eines Toten)*
meminisse, meminī *Perf.*	*(m. Gen. / Akk.)* sich erinnern an; *(m. AcI)* daran denken	**quippe quī (quippe cum)** *m. Konj.*	da ja
frūctus, frūctūs *m*	die Frucht, der Nutzen, der Ertrag	**dīgnus, quī** *m. Konj.*	würdig, zu ...
quis est, quī *m. Konj.*	wen gibt es, der ...	**bibliothēca**	die Bibliothek
ūnusquisque nostrum	ein jeder von uns		

1 **Gegenteil (⟷) oder Synonym (~).** Ergänze zunächst die deutsche Bedeutung, dann ein neues Lernwort mit gegenteiliger oder entsprechender Bedeutung.

(⟷) **a)** diligere **b)** nescire **c)** nemo est, qui **d)** singularis

(~) **e)** usus **f)** vel ... vel **g)** memoria tenere **h)** age! **i)** imago

2 **Täuschungsmanöver!** Übersetze jede Form und sortiere die Perfektopräsentien aus.

a) maluisti – memoravit – metuerunt – meminerunt – mutavi – munivimus

b) negaveram – nolueras – noverant – nominaverat – neglexeramus – nupseratis

c) odio fuissem – obtulisses – orti essent – occurrisset – odissetis

d) constituerunt – constiti – consuluisti – consuevimus – consecuti estis

3 **Im Kontext.** Erschließe die jeweilige Bedeutung von **fructus**, **simulacrum** und **universus**.

a) Dominus e laboribus servorum **fructum** capit.
Itaque et **fructus** agrorum magnus est et arbores **fructus** ferunt.

b) Imagines maiorum et **simulacra** deorum orno.
Sed **simulacra** mortuorum timeo.

c) **Universus** senatus convenit.
Universi senatores res gestas imperatoris probaverunt.

4 **Sprachkundig. Qui**: ein Wort, aber verschiedene Bedeutungen! Beachte den Kontext und übersetze.

a) Dic mihi, **qui** id fieri possit!

b) Dignus es, **qui** lauderis, quippe **qui** libros in bibliotheca optime composueris.

c) Nemo est, **qui** id contendat. Sed sunt, **qui** id negent. Quis autem est, **qui** istos audiat?

superior, superius *(Gen.* **superiōris***)*	der frühere, der weiter oben gelegene	**succēdere, succēdō, successī, successum**	(nach)folgen, nachrücken
excēdere, excēdō, excessī, excessum	hinausgehen, weggehen; überschreiten	**nītī, nītor, nīxus sum** *(m. Abl.)* **(ad / in** *m. Akk.)*	sich stützen auf; streben (nach)
plērumque *Adv.*	meistens	**praesertim (cum)** *m. Konj.*	besonders (da / weil)
parēns, parentis *m/f*	der Vater, die Mutter; *Pl.* die Eltern	**quantō … tanto** *(m. Komparativ)*	je … desto
prīstinus, a, um	früher	**tollere, tollō, sustulī, sublātum**	aufheben, in die Höhe heben, wegnehmen

1 **Doppeltes Lottchen.** Ordne mit Pfeilen richtig zu.

1	talis … qualis	A	so oft … wie
2	tantus … quantus	B	je … desto
3	tot … quot	C	so beschaffen … wie
4	tam … quam	D	so groß … wie
5	quanto … tanto	E	so viele … wie
6	totiens … quotiens	F	so … wie

2 **Gegenteil (⟷) oder Synonym (∼).** Ergänze zunächst die deutsche Bedeutung, dann ein neues Lernwort mit gegenteiliger oder entsprechender Bedeutung.

(⟷) **a)** raro **b)** futurus **c)** remanere
(∼) **d)** prior **e)** imprimis / maxime **f)** auferre **g)** pater / mater

3 **Wortkundig.** Wiederhole bzw. erschließe jeweils ausgehend von der in der Klammer angegebenen Bedeutung des farbig gedruckten Verbum simplex die Bedeutung der Komposita.

a) cedere (gehen): incedere – concedere – succedere – accedere – excedere

b) ferre (tragen / bringen): inferre – efferre – auferre – afferre – conferre – tollere

4 **Im Kontext.** Erschließe die jeweilige Bedeutung von **tollere**, **excedere** und **niti**.

a) Sacerdos manus ad caelum **tollit**. **b)** Fur statuas e templo **tollit**.
c) Pater puerum **tollit**, ut is plus videat. **d)** Omnium interest legem malam **tolli**.
e) Mercatores ex urbe **excedunt**. **f)** Id, quod narras, fidem **excedit**.
g) Dux incolumis ex acie **excedit**.
h) Spes Icari ingenio patris **nixa est**. **i)** Icarus ope patris **nixus** caelum petivit.
j) Dum summis viribus ad sidera **nititur**, de caelo in mare cecidit.

115

atrōx, atrōcis	hart, wild, grausam	**ūniversum**	die Welt, das Weltall
cōnflīgere, cōnflīgō, cōnflīxī, cōnflīctum	aneinander geraten, erbittert kämpfen	**forte** *Adv.*	zufällig
fundere, fundō, fūdī, fusum	(aus)gießen, zerstreuen	**interīre, intereō, interiī**	untergehen, zugrunde gehen
abdūcere, abdūcō, abdūxī, abductum	wegführen	**trānsferre, trānsferō, trānstulī, trānslātum**	hinübertragen
ruīna	die Ruine	**prūdēns, prūdentis**	erfahren, klug
quamdiū	wie lange; solange	**plānē** *Adv.*	deutlich, klar, ausdrücklich
inīquus, a, um	ungerecht, ungleich	**brevitās, brevitātis** *f*	die Kürze
certāre, certō	kämpfen, streiten	**appāret** *(m. AcI)*	es ist klar, es zeigt sich
citō *Adv.*	schnell		

1 **Synonym gesucht!** Übersetze das jeweilige Wort und ersetze es durch ein Wort mit ähnlicher Bedeutung aus dem neuen Lernwortschatz.

a) dimicare .... ~ .... **b)** pugnare .... ~ ....

c) iniustus .... ~ .... **d)** celeriter .... ~ ....

e) dirus .... ~ .... **f)** occidere ....,........ ~ ....

g) casu .... ~ .... **h)** dum .... ~ ....

i) deducere .... ~ .... **j)** manifestum est .... ~ ....

2 **Wortfamilie!** Gib ausgehend von den folgenden neuen Lernwörtern die Bedeutung der bereits gelernten Wörter aus derselben Wortfamilie an.

a) brevitas → brevis .... **b)** ruina → ruere ....

c) universum → universus .... **d)** prudens → prudentia ....

3 **Wortkundig.** Wiederhole bzw. erschließe jeweils ausgehend von der in der Klammer angegebenen Bedeutung des farbig gedruckten Verbum simplex die Bedeutung der Komposita.

a) **ire** (gehen): adire – inire – redire – abire – interire – subire – transire – perire

b) **ducere** (führen / ziehen): deducere – adducere – abducere – producere – reducere

4 **Lateinenglisch!** Erkläre die folgenden englischen Wörter.
Gib dabei jeweils das lateinische Ursprungswort an, das diesen zugrunde liegt,
z. B. *to move* → *movere* → bewegen.

a) *infusion* **b)** *confusion* **c)** *to transfer* **d)** *to explain*

e) *universe* **f)** *to conflict* **g)** *to appear*

116

audēre, audeō, ausus sum	wagen	**celeritās, celeritātis** *f*	die Schnelligkeit
mundus	die Welt; das Weltall, das Universum	**īnfīnītus, a, um**	unbegrenzt
solēre, soleō, solitus sum	gewohnt sein, gewöhnlich etw. tun	**vulgō** *Adv.*	allgemein, gewöhnlich
cōnfīdere, cōnfīdō, cōnfīsus sum	vertrauen	**quōmodo**	wie? auf welche Weise?
crēber, crēbra, crēbrum	häufig, zahlreich	**gaudēre, gaudeō, gāvīsus sum**	sich freuen
rūrsus *Adv.*	wieder	**reperīre, reperiō, repperī, repertum**	(wieder)finden
revertī, revertor, revertī, reversum	zurückkehren	**nauta, nautae** *m*	der Schiffer, der Seemann
perspicere, perspiciō, perspexī, perspectum	durchschauen, genau betrachten, sehen, erkennen		

1 **Synonym gesucht!** Übersetze das jeweilige Wort und ersetze es durch ein Wort mit ähnlicher Bedeutung aus dem neuen Lernwortschatz.

a) iterum .... ~ .... **b)** consuevisse .... ~ ....

c) frequens .... ~ .... **d)** universum .... ~ ....

e) sine fine .... ~ .... **f)** quemadmodum .... ~ ....

2 **Wortfamilie!** Gib ausgehend von den folgenden neuen Lernwörtern die Bedeutung der bereits gelernten Wörter aus derselben Wortfamilie an.

a) celeritas → celer .... **b)** audere → audacia ....

c) nauta → navis .... **d)** quomodo → modus ....

e) vulgo → vulgus .... **f)** confidere → fiducia ....

3 **Passiv, Deponens oder Semideponens?** Ordne jeweils richtig zu und übersetze.

a) confisi sumus **b)** aggressus es **c)** confessus sum **d)** ausus sum **e)** confecti sunt **f)** auctum est **g)** gavisae estis **h)** solitus est **i)** consuetum est **j)** solutus est **k)** secutus est **l)** reversus

4 **Formtest!** Gib jeweils an, ob die Form zu **sol**, **solus**, **solere** oder **solvere** gehört.

solo – soleo – soles (3) – soli (3) – solem – solutus – solitus – solum (4) – solorum (2)

5 **Einsatzfreudig.** Ergänze jeweils das Prädikat so, dass ein sinnvoller Satz entsteht.

reperit – perspexerunt – observabant – fingit

a) Poeta fabulam [?]. **b)** Orestes sororem amissam [?].

c) Troiani dolum Graecorum non [?]. **d)** Philosophi veteres sidera [?].

117

alter ... alter	der eine ... der andere	**vix quisquam**	kaum jemand
sēdēs, sēdis *f*	der Platz, der Sitz, der Wohnsitz	**adeō** *Adv.*	so sehr
aestus, aestūs *m*	die Hitze, die Flut	**fruī, fruor** *m. Abl.*	genießen, sich an etwas erfreuen
ēgredī, ēgredior, ēgressus sum	hinausgehen, verlassen	**suprēmus, a, um**	der (die, das) höchste, letzte, oberste
praeferre, praeferō, praetulī, praelātum	vorziehen	**grātiās agere**	Dank sagen, danken
prōrsus *Adv.*	überhaupt, völlig		

1 **Witte nicht verbechseln!** Unterscheide genau.

a) gratiam habere .... ↔ gratias agere ....

b) proferre .... ↔ praeferre .... ↔ praebere ....

c) aetas .... ↔ aestas .... ↔ aestus ....

d) aggredi .... ↔ ingredi .... ↔ egredi ....

e) proinde .... ↔ profecto .... ↔ protinus .... ↔ prorsus ....

f) alius .... ↔ altus .... ↔ alter .... ↔ alter ... alter ....

2 **Wortfamilie!** Gib ausgehend von den folgenden neuen Lernwörtern die Bedeutung der bereits gelernten Wörter aus derselben Wortfamilie an.

a) frui → fructus .... **b)** supremus → supra ....

c) sedes → sedere .... → considere .... → possidere ....

3 **Im Kontext.** Erschließe die jeweilige Bedeutung von **adeo**.

Puer: „**Adeo** amore ardeo, ut hoc statuerim:
Nunc te **adeo** rogaturus, ut mihi nubas."

4 **Ein letzter Satz.** Übersetze.

Vix quisquam invenitur,
qui deis gratias non agat,
quod ad finem eius libelli pervenerit.